KOMPAKTWISSEN
FÜR SCHÜLERINNEN UND SCHÜLER

Die DDR

Geschichte und Strukturen

Von Klaus Schroeder

Philipp Reclam jun. Stuttgart

Für Laura,
die ihren Weg gehen wird

RECLAMS UNIVERSAL-BIBLIOTHEK Nr. 15233

Gesamtherstellung: Reclam, Ditzingen. Printed in Germany 2011

ISBN 978-3-15-015233-1

www.reclam.de

Inhalt

Teil B: Dokumente

Vorwort

Am 3. Oktober 1990 wurde die gut vierzig Jahre zuvor gegründete Deutsche Demokratische Republik (DDR) Geschichte. Sie war als Folge der bedingungslosen Niederlage im vom nationalsozialistischen Deutschland entfesselten Weltkrieg entstanden und ging unter, als die Menschen mit Massendemonstrationen und Massenflucht den Fall der Mauer und den Sturz der Diktatur erzwangen.

Seit nunmehr zwanzig Jahren erleben wir in Deutschland eine geschichtspolitische Auseinandersetzung um die Frage, was die DDR auszeichnete und wie sie einzuordnen ist. Oftmals mangelt es den Debatten an Kenntnissen über Entwicklung und Strukturen dieses deutschen Teilstaates. Dem möchte dieses Buch abhelfen, indem es die wichtigsten Stationen und Charakteristika der DDR beschreibt und dokumentiert.

Der Band hätte ohne Hilfe nicht in einer vergleichsweise kurzen Zeit fertiggestellt werden können. Tom Reichard und Laura Schroeder recherchierten Dokumente, Tabellen und Schaubilder und bereiteten sie für den Druck vor, Miriam Müller und Steffen Alisch haben Teile des Textes kritisch durchgesehen und Kürzungsvorschläge unterbreitet, und Monika Deutz-Schroeder hat mehrfach den gesamten Text sorgfältig redigiert. Ihnen allen gilt mein herzlicher Dank. Darüber hinaus danke ich Cornelia Bronder, die in gewohnter Schnelligkeit und Sorgfalt den Text geschrieben hat.

Berlin, 3. Oktober 2010

Teil A
Geschichte

1. Das besiegte Deutschland

Der vom nationalsozialistischen Deutschland in Europa entfesselte Zweite Weltkrieg führte die Kriegsgegner des Deutschen Reiches zu einem Zweckbündnis – der »Anti-Hitler-Koalition« – zusammen, dem es bis Kriegsende jedoch nicht gelang, gemeinsame Vorstellungen für Nachkriegsdeutschland zu entwickeln. Das Misstrauen zwischen den westlichen Alliierten (USA, Großbritannien, Frankreich) und der Sowjetunion verhinderte eine gemeinsame Deutschlandpolitik. Da das nationalsozialistische Regime bis Kriegsende seine Herrschaft ungeschmälert aufrechterhalten konnte, brachte erst die »bedingungslose Kapitulation« den Zusammenbruch der NS-Herrschaft, der zugleich auch das vorläufige Ende der deutschen Staatlichkeit bedeutete. Das weitere Schicksal Deutschlands hing weitgehend von der (unterschiedlichen) Politik der alliierten Siegermächte ab. Deutschland lag 1945 am Boden – militärisch, ökonomisch, politisch und moralisch.

Die Vorstellungen der Sowjetunion für Europa nach dem Ende des Krieges formulierte der sowjetische Diktator Josef Stalin im Jahre 1944 sehr deutlich: »Dieser Krieg ist nicht wie in der Vergangenheit; wer immer ein Gebiet besetzt, erlegt ihm auch sein eigenes gesellschaftliches System auf. Jeder führt sein eigenes System ein, soweit seine Armee vordringen kann. Es kann gar nicht anders sein.«[1]

1 Zit. nach: Rolf Steininger, *Deutsche Geschichte nach 1945*, Bd. 1: 1945–1947, Frankfurt a. M. 1996, S. 86.

Die sowjetische Politik im Nachkriegsdeutschland zielte auf die Gewährleistung der eigenen Sicherheitsinteressen (Entmilitarisierung Deutschlands), Reparationen für den ökonomischen Wiederaufbau in der Sowjetunion sowie die Ausdehnung ihres Macht- und Einflussbereichs bis in die Mitte Europas. Stalin hielt sich mehrere Optionen offen. Je unwahrscheinlicher ein unter sowjetischem Einfluss stehendes Gesamtdeutschland wurde, umso mehr forcierte er die Errichtung eines sowjetisierten deutschen Teilstaats.

Die Sowjetunion konnte ihre Interessen auf mehreren Konferenzen (Teheran, Jalta und Potsdam) gegenüber den Westalliierten in vielen Punkten durchsetzen. Zwar waren sich die Alliierten in allgemeinen politischen Grundsätzen der Besatzungspolitik einig (Demilitarisierung, Entnazifizierung, Entflechtung der Konzerne sowie Dezentralisierung und Demokratisierung der Macht), über konkrete Schlussfolgerungen daraus existierte aber Dissens. Stärkste Differenzen zwischen der Sowjetunion und den drei Westalliierten bestanden in der Interpretation von »Demokratie«: Dem Konzept einer parlamentarischen, pluralistisch geprägten Demokratie stand die so genannte Volksdemokratie gegenüber, in der die Kommunistische Partei angeblich den Willen der Bevölkerungsmehrheit, vor allem der Arbeiterklasse, repräsentierte.

1.1 Nachkriegsplanungen der KPD im Moskauer Exil

Nach dem Verbot der KPD durch die Nationalsozialisten im Jahr 1933, der schnellen Zerschlagung ihres Parteiapparats und der Inhaftierung von Zehntausenden ihrer Mitglieder emigrierten etwa 5000 bis 6000 deutsche Kommunisten ins Moskauer Exil. Dort fielen mehr als Tausend von ihnen, unter ihnen über 200 führende KPD-Funktionäre, den von Stalin angeordneten »Säuberungen« zum Opfer.[2] Wer die stalinistischen Mordkommandos im sowjetischen Exil überlebte, war in vielfacher Weise gebrochen und hatte sehr oft ein von tiefem Misstrauen und Zynismus geprägtes Menschen- und Gesellschaftsbild verinnerlicht.

Die Führung der KPdSU, enttäuscht vom ausbleibenden Widerstand in Deutschland, den die deutschen Kommunisten immer wieder vorausgesagt hatten, beauftragte die KPD-Führung unmittelbar nach der Teheraner Konferenz 1942, Pläne für die Gestaltung Nachkriegsdeutschlands auszuarbeiten. Dabei ging die Sowjetunion davon aus, ganz Deutschland kommunistisch zu beherrschen. Hauptziel war es, ein maßgeblich von der politischen Führungsrolle der KPD sowie der politischen und ökonomischen Vormachtstellung der Sowjetunion in Europa geprägtes Nachkriegsdeutschland zu schaffen, in dem perspektivisch eine sozialistische Gesellschaft nach sowjetischem Modell aufgebaut werden sollte. Zu diesem Zweck entwarf die KPD eine Bündnisstrategie, nach der die Parteien der Arbeiterbewegung gemeinsam mit bürgerlichen Kräften eine antifaschistische »kämpferische Demokratie« errichten sollten. Für den staatlich-politischen Raum war ein vordergründiger Pluralismus in Gestalt eines Blocks von Parteien und Massenorganisationen vorgesehen mit der KPD als organisierendem und kontrollierendem Zentrum – unterstützt und gelenkt von den sowjetischen Besatzungsorganen.

Vgl. Dokument 1, S. 141

Im Exil ging die KPD-Führung von der Vorreiterrolle ihrer Partei im Nachkriegsdeutschland aus. Der KPD-Vorsitzende und spätere – erste und einzige – Präsident der DDR, Wilhelm Pieck, ließ im Januar 1944 keinen Zweifel

2 Vgl. Andreas Herbst / Hermann Weber, *Deutsche Kommunisten. Biographisches Handbuch 1918–1945*, Berlin 2004.

an der geplanten Führungsrolle seiner Partei und bekräftigte das »Gelöbnis« der deutschen Kommunisten, »durch die Schaffung einer mächtigen, vom Geist des Marxismus, Leninismus, Stalinismus erfüllten einheitlichen Kampfpartei der deutschen Arbeiterklasse die Voraussetzungen zum Sieg unserer großen Sache zu schaffen«.[3]

Eine Zusammenarbeit mit der SPD, die man wenige Jahre zuvor noch als sozialfaschistisch bezeichnet hatte, sollte erfolgen, allerdings gleichzeitig darauf geachtet werden, dass der »Sozialdemokratismus« in der anzustrebenden Einheitspartei aus Kommunisten und Sozialdemokraten keine Rolle spielte. Die wichtigsten führenden Positionen sollten die so genannten Moskau-Kader übernehmen. Eine Vorhut von ihnen wurde Ende April / Anfang Mai 1945 von der Roten Armee nach Deutschland geflogen, um die Machtübernahme konkret vorzubereiten. Eine herausragende Rolle nahm dabei Walter Ulbricht ein, der die Maxime für die Machtübernahme vorgab: »Es muß demokratisch aussehen, aber wir müssen alles in der Hand behalten.«[4]

3 Zit. nach: Manfred Wilke, *Nach Hitler kommen wir – die Planungen der Moskauer KPD-Führung 1944–1945 für Nachkriegsdeutschland, Arbeitspapiere des Forschungsverbundes SED-Staat der Freien Universität Berlin Nr. 11/1994*, Berlin 1994, S. 11.

4 Wolfgang Leonhard, *Die Revolution entläßt ihre Kinder*, Leipzig 1990, S. 406.

2. Sozialistische Umgestaltung und Sowjetisierung

Nach der bedingungslosen Kapitulation des Deutschen Reiches am 8. Mai 1945 verfügte die Sowjetunion über die Macht in dem von ihr besetzten Teil Deutschlands. Gemeinsam mit den anderen drei Siegermächten besaß sie am 5. Juni die oberste Regierungsgewalt in Deutschland.

Mit dem Befehl Nr. 1 vom 5. Juni 1945 errichtete sie die »Sowjetische Militäradministration in Deutschland« (SMAD). Diese baute innerhalb kürzester Zeit ein Befehls- und Kontrollnetz auf, das alle Bereiche des politischen und gesellschaftlichen Lebens in der sowjetischen Besatzungszone (SBZ) durchdringen und umfassen sollte. Zwar konnte sich die Besatzungsmacht auf die KPD als »verlängerten Arm« stützen, aber konkrete Pläne und Vorgaben, die zum Beispiel die amerikanische Direktive JCS 1067 enthielt,[5] existierten auf sowjetischer Seite nicht.

Weder die Sowjets noch die von ihnen eingesetzte SMAD stießen jenseits der Kommunisten auf Sympathie in der Bevölkerung, da es beim Einmarsch der Roten Armee zu massenhaften Plünderungen, Vergewaltigungen und Morden an der Zivilbevölkerung gekommen war, die die SMAD erst nach einigen Monaten eindämmen konnte. Die KPD wurde vielerorts als »Russenpartei« beschimpft, weil sie die Politik der Besatzungsmacht ohne Wenn und Aber unterstützte.

Mit ihrem Befehl Nr. 2 vom 10. Juni 1945 gestattete die SMAD die Bildung oder Gründung antifaschistisch-demokratischer Parteien und Gewerkschaften in der sowjetischen Besatzungszone. Nur zwei Tage später veröffentlichte die »Deutsche Volkszeitung« in ihrer ersten

Vgl. Dokument 2, S. 144

5 Vgl. Rolf Steininger, *Deutsche Geschichte. Darstellung und Dokumente in vier Bänden*, Bd. 1: 1945–1947, Frankfurt a. M. 1996, S. 46 ff.

Nummer den in der Vorwoche unter Stalins Kontrolle von der KPD-Führung erarbeiteten »Aufruf des ZK der KPD«, in den auch wesentliche Aspekte des Aktionsprogramms des »Blocks der kämpferischen Demokratie« eingingen. Die KPD ordnete ihre Programmatik zum inneren Aufbau der Ostzone der von Stalin geplanten Erweiterung des sowjetischen Einflusses auf Gesamtdeutschland unter und verzichtete aus taktischen Gründen vorerst darauf, das Ziel einer sozialistisch-kommunistischen Umgestaltung offensiv zu propagieren. Stattdessen sprach sie von einem »[...] Weg der Aufrichtung eines antifaschistischen, demokratischen Regimes, einer parlamentarisch-demokratischen Republik mit allen demokratischen Rechten und Freiheiten für das Volk«. Weiterhin heißt es: »Wir sind der Auffassung, daß der Weg, Deutschland das Sowjetsystem aufzuzwingen, falsch wäre, denn dieser Weg entspricht nicht den gegenwärtigen Entwicklungsbedingungen in Deutschland.«[6]

Als zweite Partei wurde die SPD zugelassen, deren Zentralausschuss sich am 15. Juni 1945 ebenfalls mit einem – deutlich radikaleren – Aufruf an die Bevölkerung wandte. Darin forderte sie die Enteignung des Großgrundbesitzes, die Verstaatlichung von Banken, Versicherungsunternehmen, Bergwerken und Energiewirtschaft sowie eine starke kommunale Selbstverwaltung. Der Zentralausschuss der Ost-SPD plädierte außerdem für eine Rückbesinnung auf den revolutionären Marxismus und eine schnelle Vereinigung mit den Kommunisten als Lehre aus der nationalsozialistischen Diktatur. Im »antifaschistischen Kampf« wollte man zwar mit den bürgerlichen Parteien zusammenarbeiten, betrachtete diese aber eher als Gegner denn als Partner.

Trotz der Behinderung ihrer Aktivitäten durch die so-

6 Zit. nach: Peter Erler / Horst Laude / Manfred Wilke (Hrsg.), *Nach Hitler kommen wir*, Berlin 1994, S. 394.

wjetischen Besatzungsbehörden, die die KPD bevorzugten, verzeichnete die SPD einen für die KPD-Spitze alarmierend hohen Zulauf. Bereits im Herbst 1945 überstieg ihr Mitgliederstand in der sowjetischen Besatzungszone den von 1933. Die Mitgliederzahl lag bei etwa 300 000 Personen und damit um 50 000 über der der KPD.

Als dritte Partei ließ sich die Christlich-Demokratische Union Deutschlands (CDU) bei der SMAD registrieren. In ihrem Gründungsaufruf vom 26. Juni 1945 bekannte sie sich zu christlicher, demokratischer und sozialer Politik, ohne sich allerdings genauer festzulegen. Nach einigem Zögern – die SMAD hatte mit einem Antrag der Zentrum-Partei und nicht mit dem einer neuen Partei gerechnet – wurde die CDU unter der ausdrücklichen Maßgabe, dem »Einheitsblock« der Parteien beizutreten, ebenfalls zugelassen. Bis Ende 1946 erhöhte sich ihre Mitgliederzahl in der sowjetischen Besatzungszone von knapp 70 000 auf etwa 190 000.

Im Gegensatz zur CDU, die sich für die Enteignung der Schlüsselindustrien und der Bodenschätze aussprach, setzte sich die Liberal-Demokratische Partei Deutschlands (LDPD) in ihrem Gründungsaufruf vom 6. Juli für Demokratie und Rechtsstaatlichkeit, freie Persönlichkeitsentfaltung und – als einzige Partei der sowjetischen Besatzungszone – eindeutig für ein marktwirtschaftliches System mit Privateigentum an Produktionsmitteln ein. Die SMAD ließ die Liberalen ebenfalls nur unter der Maßgabe des Beitritts zum »Einheitsblock« zu. Ihre Mitgliederzahl stieg von etwa 90 000 auf knapp 200 000 Personen im Jahre 1948.

Die Führungen der beiden bürgerlichen Parteien gerieten sehr schnell in Konflikt mit der SMAD. Die CDU wollte nicht der geplanten entschädigungslosen Bodenreform zustimmen, die LDPD lehnte Direktiven der SMAD ab. Daraufhin setzte die SMAD sowohl die gewählte CDU- als auch die LDPD-Führung ab bzw. drängte auf deren Rücktritt.

Die vier zugelassenen Parteien mussten in der »Einheitsfront der antifaschistisch-demokratischen Parteien« zusammenarbeiten, was de facto ein ›Abnicken‹ der Vorgaben der SMAD und der KPD/SPD bedeutete. Die Blockpolitik war nur Camouflage und diente der Steuerung des Parteiensystems im kommunistischen Interesse. Illusionen der beiden bürgerlichen Parteien, in dem »Block« aufgrund des Konsensprinzips eigene Positionen durchsetzen oder kommunistische abschwächen zu können, zerplatzten recht bald; in keiner entscheidenden Frage konnten sie eigene Vorstellungen durchsetzen. Im Gegenteil: KPD und SPD traten per Vorabsprache den bürgerlichen Parteien geschlossen gegenüber. Äußerte deren Führungspersonal abweichende Meinungen, wurden die Kritiker von der sowjetischen Besatzungsbehörde ihrer Ämter enthoben. Außerdem oblag den Sowjets die Vorzensur aller Referate und die Genehmigung für Versammlungen sowie die Vervielfältigung von Schriftstücken. Hinzu kam die Überwachung aller Parteiaktivitäten durch den sowjetischen Geheimdienst. So erhielten alle auf gesellschaftspolitische Veränderungen zielenden besatzungspolitischen Maßnahmen die Zustimmung aller Blockparteien.

2.1 Die Gründung der Sozialistischen Einheitspartei Deutschlands (SED)

Hatte sich anfangs die KPD einer von führenden ostdeutschen Sozialdemokraten angestrebten Vereinigung widersetzt, um den Aufbau ihres eigenen Apparats und ihre gesellschaftliche Verankerung nicht zu gefährden, musste sie nach den für die kommunistischen Parteien negativen Ergebnissen der Wahlen in Österreich und Ungarn auf Druck der Sowjetunion eine Verschmelzung mit der Sozialdemokratie anstreben. Anknüpfend an mehrere Gespräche und Konferenzen zwischen den Führungsebenen beider Arbeiterparteien, bei denen sich sowohl Gemeinsamkeiten als auch Unterschiede herausgestellt hatten, einigten sich die Parteiführungen im Dezember 1945 auf einen Zusammenschluss. Die SPD strebte die Schaffung einer gesamtdeutschen Partei an, was der Sprecher der westdeutschen Sozialdemokratie, Kurt Schumacher, jedoch nachdrücklich ablehnte. Für ihn war die geplante Einheitspartei ein Instrument der sowjetischen Deutschlandpolitik, der sich die SPD um jeden Preis widersetzen müsse. Die KPD sei keine deutsche Klassenpartei, sondern die Partei eines fremden Staates. Daraufhin verzichtete die ostdeutsche SPD unter Otto Grotewohl auf die gesamtdeutsche Option und bereitete sich auf den Zusammenschluss mit der KPD in der sowjetischen Besatzungszone vor.

Befürworter und Gegner der Vereinigung standen sich innerhalb der SPD in etwa gleicher Anzahl gegenüber. SMAD und KPD verstärkten daraufhin ihren Druck auf die meinungsbildenden Funktionäre der SPD, um die Vereinigung um jeden Preis zu erreichen. Die KPD bediente sich für die »Einheitsfrontpolitik« ihrer in der Weimarer Republik entwickelten Taktik: Sie spannte neu gebildete sozialdemokratische Betriebsorganisationen für ihre Einheitskampagne ein und erzeugte auf diesem Weg ›Druck von unten‹. Die Parteispitze der SPD im Zentralausschuss und in den Landesvorständen erhielt so den Eindruck einer breiten Bewegung von Vereinigungsbefürwortern an der Basis; Skeptiker wagten aufgrund des überall erzeugten Einheitsdrucks häufig keinen offenen Widerspruch.

In diesen Prozess griff die SMAD mit ›Zuckerbrot und Peitsche‹ ein. Vereinigungsgegnern wurden auf materieller Ebene Zugeständnisse gemacht oder sie wurden massiv unter Druck gesetzt, erpresst und verhaftet. So entstand ein Klima, in dem eine freie Meinungsäußerung kaum möglich war.

Im Februar 1946 fiel schließlich die sozialdemokratische Entscheidung für die sofortige Vereinigung. Alle anwesenden Landesvorsitzenden sprachen sich dafür aus, ebenso der Zentralausschuss der Partei. In der KPD gab es zwar auch einige Widerstände gegen die sofortige Verschmelzung, aber die Parteidisziplin sorgte für eine einhellige Zustimmung der entsprechenden Gremien.

Die Gegner der Vereinigung innerhalb der SPD versuchten zumindest in Berlin, mit einer Abstimmung an der Parteibasis die Vereinigung zu verhindern. Diese Abstimmung fand Ende März 1946 allerdings nur in den Westsektoren statt, da die sowjetische Besatzungsmacht sie im Ostsektor nicht zuließ. Bei einer Wahlbeteiligung von 73 % votierte eine große Mehrheit (82,2 %) gegen den sofortigen Zusammenschluss; 61,7 % der Abstimmungsteilnehmer befürworteten jedoch grundsätzlich ein Bündnis mit der KPD. Dieses Ergebnis entsprach auch der Stimmungslage vieler Sozialdemokraten in den ostdeutschen Landesverbänden: Skepsis gegenüber einer sofortigen Vereinigung bei grundsätzlicher Option für einen späteren Zusammenschluss.

Nachdem auf zwei getrennten Parteitagen die Delegierten von SPD und KPD einstimmig für die Verschmelzung votiert hatten, wurde die Vereinigung schließlich auf einem gemeinsamen Parteitag am 21./22. April 1946 vollzogen. Aus Sicht der Vereinigungsgegner mag die SED-Gründung eine Zwangsvereinigung gewesen sein, dennoch gab es viele Sozialdemokraten, die der Illusion erlagen, in der neuen Einheitspartei den Kurs zumindest mitbestimmen zu können. Tatsächlich aber dominierten die Führungskader der KPD die neue Partei von Beginn an, und nur Sozialdemokraten, die sich ihrem Diktat unterwarfen und ihre Ideologie übernahmen, durften weiterhin in den Führungsetagen von Partei, Behörden und Gesellschaft agieren.

Zum Zeitpunkt der Gründung zählte die SED offiziell 1,3 Mio. Mitglieder, wobei 620 000 aus der KPD und 680 000 aus der SPD kamen. Damit traten die KPD-Mitglieder nahezu vollständig und die SPD-Mitglieder zum weit überwiegenden Teil in die neue Partei ein. Während in der KPD neue Mitglieder überwogen, bestand in der SPD-Mitgliedschaft eine starke personelle Kontinuität aus der Zeit vor 1933. Die SED konnte ihren Mitgliederstand schnell steigern und erreichte im September 1947 mit 1,8 Mio. eingeschriebenen Genossen ihren vorläufigen Höchststand. Ungefähr jeder zehnte Bewohner der sowjetischen Besatzungszone war damit in der SED organisiert. Die Motivation zum Verbleib oder zum Neueintritt in die Einheitspartei mag unterschiedlich gewesen sein. Neben der Anknüpfung an sozialistische und antifaschistische Traditionen dürften auch Opportunität und Karrieredenken eine maßgebliche Rolle gespielt haben. Die soziale Struktur der Partei war anfangs noch stark von der Arbeiterschaft und älteren Personen geprägt.

Die Sozialistische Einheitspartei war, auch wenn sie dies erst zwei Jahre später offiziell verkündete, eine genuin kommunistische Partei. Sozialdemokraten, die an ihre politischen und ideologischen Traditionen anknüpfen wollten, wurden aus der Partei gedrängt, verfolgt und inhaftiert. Andere Sozialdemokraten – mit Grotewohl an der Spitze – fügten sich schnell in das totalitäre Denken der Kommunisten ein und gehörten bald zu den schärfsten Kritikern des »Sozialdemokratismus«. Die Mehrzahl ehemaliger Sozialdemokraten passte sich freilich still und unauffällig an. Nicht wenige von ihnen sahen eine soziale und berufliche Karriere für sich, da die Vertreibung der alten Eliten ein Vakuum an beruflichen Positionen hatte entstehen lassen, das Mitglieder ihrer Partei ausfüllen konnten. Wie auch immer einzelne Sozialdemokraten sich verhalten haben mögen, als Ergebnis der SED-Gründung bleibt festzuhalten, dass seit April 1946 keine freiheitliche sozialdemokratische Kultur in der sowjetischen Besatzungszone mehr existieren durfte.

2.2 Die Gründung weiterer Parteien und Massenorganisationen

Zur Schwächung der beiden bürgerlichen Parteien CDU und LDPD entstanden auf Weisung der SED in Abstimmung mit der SMAD zwei neue Parteien, um den bürgerlichen Parteien ihre politische Klientel abzuwerben. Eine Zielgruppe war die Bauernschaft, die sich in der im April 1948 gegründeten Demokratischen Bauernpartei Deutschlands (DBD) organisieren sollte, die andere bestand in Mitläufern der NSDAP, ehemaligen Offizieren und Kriegsgefangenen sowie Vertriebenen, die in der Nationaldemokratischen Partei Deutschlands (NDPD) eine politische Heimat finden sollten. Beide Parteien konnten jedoch die ihnen zugewiesene Aufgabe nur bedingt erfüllen, weil ihre Resonanz in der Bevölkerung begrenzt blieb.

Da nach leninistischem Verständnis die Arbeiterschaft und andere Bevölkerungsgruppen über kein Klassenbewusstsein verfügen, war es Aufgabe der kommunistischen Partei – als Avantgarde der Arbeiterklasse –, dieses mit Hilfe verschiedener von ihr gelenkter und kontrollierter Massenorganisationen zu entwickeln. Im Februar 1946 gründete sich der »Freie Deutsche Gewerkschaftsbund« (FDGB) mit 2 Mio. Mitgliedern. Erst verdeckt und dann in öffentlicher Verlautbarung übernahmen Kommunisten die Macht in der Gewerkschaftsspitze und gestalteten die Einheitsgewerkschaft zu einer vollständig kommunistisch gesteuerten Massenorganisation um. 1950 bekannte sich der FDGB zum Marxismus-Leninismus und zur »führenden Rolle« der SED. In der Präambel der neuen Satzung vom Juni 1955 schlug sich diese Entwicklung schließlich auch formell nieder: »Der Freie Deutsche Gewerkschaftsbund ist die Klassenorganisation der in der DDR herrschenden Arbeiterklasse, die in festem Bündnis mit den werktätigen Bauern steht, und bekennt sich zur Politik der Sozialistischen Einheitspartei Deutschlands, der Partei der deutschen Arbeiterklasse.«[7]

Weitere wichtige Massenorganisationen, die als Transmissionsriemen kommunistischer Politik agieren sollten, waren der »Kulturbund zur demokratischen Erneuerung Deutschlands« (KB), der »Demokratische Frauenbund Deutschlands« (DFD) sowie die »Vereinigung der gegenseitigen Bauernhilfe« (VdgB) und die »Gesellschaft für Sport und Technik« (GST). Hinzu kamen die Gesellschaft für Deutsch-Sowjetische Freundschaft (DSF) sowie die Volkssolidarität, die weitreichende soziale Aufgaben wie zum Beispiel die Betreuung älterer Menschen übernahm.

Besonderes Augenmerk richteten SMAD und KPD auf die »ideologische Erziehung« der Jugend, hatte diese doch die nationalsozialistische Massenbewegung wesentlich mitgetragen. Die am 7. März 1946 konstituierte »Freie Deutsche Jugend« (FDJ) hatte von Beginn an ein Monopol auf die Organisierung der Jugend, da die SMAD keine weiteren Jugendorganisationen zuließ. Schon im Oktober 1948 bezeichnete der Parteivorstand der SED die FDJ als »Kampfreserve der SED« und als »Instrument der Partei für die Einwirkung auf die Jugend«. In der im Mai 1952 beschlossenen »Verfassung« der FDJ verpflichtete sich diese zur Verteidigung der DDR, der Anerkennung der führenden Rolle der SED und zur Freundschaft mit der Sowjetunion.

Vgl. Dokument 4, S. 146

7 Zit. nach: Rolf Steininger, *Deutsche Geschichte seit 1945*, Bd. 1: 1945–1947, Frankfurt a. M. 1996, S. 162.

Tabelle 1: Mitglieder politischer und gesellschaftlicher Organisationen in der DDR (1946–1989)

Jahr	SED	CDU	LDPD	NDPD	Pionier-Org. »Ernst Thälmann«	Demokr. Frauenbund Deutschlands	Deutscher Kulturbund	FDGB
1946	128 415	207 543	88 184	–	–	229 720[11]	114 696[11]	3 277 578[11]
1950	1 572 995	181 042	150 441[5]	100 000	–	506 406[12]	194 734	4 704 054
1955	1 416 586	132 863[4]	101 850[6]	120 000	–	1 289 381[13]	167 986	5 400 000
1960	1 558 686	100 027	70 397	100 000	1 668 595	1 301 538[14]	183 678	6 421 000[18]
1965	1 769 912[1]	101 641	64 227[7]	110 000	1 829 733	1 276 392[7]	185 802	6 800 000[1]
1970	1 909 859[2]	95 293	67 386[8]	–	1 852 443	1 282 249[8]	193 345	7 090 000
1975	2 014 893	107 682	71 688	80 000	1 683 730	1 344 063[15]	202 531	8 049 874
1980	2 172 110[3]	120 602	81 536[3]	91 000[10]	1 507 211	1 414 450[16]	226 593	8 806 754
1985	2 293 289	131 570	89 805[9]	98 000	1 340 557	1 493 936[17]	263 874	9 375 922
1987	2 328 331	140 000*	106 530	110 000	1 440 385	1 500 000	–	9 500 000
1988	2 324 775	139 705	–	–	–	–	–	9 600 067
1989	–	134 507	113 048	–	–	1 361 316	277 327	–

1 1967; 2) 1971; 3) 1981; 4) 1953; 5) 1951; 6) 1954; 7) 1966; 8) 1969; 9) 1984; 10) 1982; 11) 1947; 12) 1949; 13) 1956; 14) 1962; 15) 1976; 16) 1979; 17) 1986; 18) 1963.

Datenquellen: Andreas Malycha / Peter Jochen Winters, *Geschichte der SED. Von der Gründung bis zur Linkspartei*, München 2009; Gerd-Rüdiger Stephan [u. a.] (Hrsg.), *Die Parteien und Organisationen der DDR. Ein Handbuch*, Berlin 2002; Johannes Frerich / Martin Frey, *Sozialpolitik in der Deutschen Demokratischen Republik*, Bd. 2, München 1993.

2.3 Die sozialistische Umgestaltung

Die wirtschaftliche Umgestaltung begann im Juli 1945 mit der Schließung der Banken und der Beschlagnahme ihrer Aktiva und setzte sich mit der Verstaatlichung der Banken und der Großindustrie fort. Die unmittelbar nach Bildung der SMAD angeordneten Maßnahmen zur gesellschaftlichen Umgestaltung dienten einerseits dem Transfer von Ressourcen in die kriegszerstörte Sowjetunion, andererseits sollten sie eine Gesellschaftsumwälzung nach sowjetischem Vorbild einleiten. Die Reparationen umfassten Demontagen und Lieferungen aus der laufenden Produktion einschließlich der Übernahme von Fachleuten; hinzu kamen Abgaben an die Besatzungsmacht, die offiziell nicht als Reparationen galten. 1945 bildeten Lieferungen aus der laufenden Produktion die Hauptquelle der Reparationen, die nahezu 60 % der Nettoindustrieproduktion absorbierten. Die Enteignungen und Verstaatlichungen erfolgten unter der Parole »Enteignung der Kriegsverbrecher«.

Zur Legitimierung der Enteignungen leitete die KPD/SED eine Kampagne zur Sozialisierung und Planung der Wirtschaft ein. Bei einer Volksabstimmung am 30. Juli 1946 sprachen sich über drei Viertel für die Enteignungen von Kriegsverbrechern und die entschädigungslose Überführung von Unternehmen in Staatsbesitz aus, wobei der Begriff »Kriegsverbrecher« sehr weitläufig interpretiert wurde. Als wichtig eingestufte Betriebe wurden häufig unter konstruierten Vorwänden enteignet. Der Anteil der unter dieser Maßgabe verstaatlichten Betriebe an der Produktionsleistung in der sowjetischen Besatzungszone betrug 1948 etwa 60 %.

Um die hohen Reparationsansprüche der Sowjetunion bedienen zu können, erfolgte im Juni 1946 die Gründung von »Sowjetischen Aktiengesellschaften« (SAG). Zu ihnen zählten die größten, wirtschaftlich leistungsfähigsten und rüstungspolitisch bedeutendsten Industrieunternehmen. Die SAG, deren Bruttoanlagevermögen an der Industrie der sowjetischen Besatzungszone einen Anteil von etwa 16 % ausmachte, waren vollständig in den sowjetischen Wirtschaftsplan integriert. Die Rückgabe dieser nicht in die ostdeutsche Wirtschaft integrierten Betriebe erfolgte in mehreren Etappen von 1947 bis 1954. Insgesamt leistete die sowjetische Besatzungszone bzw. DDR gemessen an der Bevölkerungszahl einen etwa dreimal so hohen Anteil an Reparationen wie die Bundesrepublik.[8]

Der Weg in eine zentralistische Planwirtschaft begann im Juni 1947 mit der Gründung der »Deutschen Wirtschaftskommission« (DWK). Der von ihr vorgelegte Plan für das zweite Halbjahr 1948 kann als erster Versuch systematischer zentraler Planung in der sowjetischen Besatzungszone bzw. DDR angesehen werden. Den vorläufigen Schlusspunkt der schnellen grundlegenden Umgestaltung der Wirtschaft und ihrer Transformation in eine sozialistische Planwirtschaft setzte der »Beschluss über die Aufstellung eines Zwei-Jahr-Plans für die sowjetische Besatzungszone« vom 12. Mai 1948, der die rechtliche Grundlage für das Diktat dieser Institution gegenüber den Betrieben enthielt. Da auch die noch verbleibenden Reste der Privatwirtschaft durch Bestimmungen zur Gestaltung des Ertragssystems und politische Maßnahmen des staatlichen Bankensystems in das System zentraler Planung einbezogen wurden, kontrollierte die SED mehr oder weniger direkt die gesamte Wirtschaft.

Ebenso schnell und systematisch erfolgte die Umgestaltung der Landwirtschaft. Begleitet von aufwendigen Propagandakampagnen läuteten SMAD und KPD schon im September 1945 die Bodenreform ein. Mittels einer entschädigungslosen Enteignung, die unter der Losung »Junkerland in Bauernhand« durchgeführt wurde, erhielten

8 Vgl. Rainer Karlsch, *Allein bezahlt? Die Reparationsleistungen der SBZ/DDR 1945–1953*, Berlin 1993.

über 500 000 anspruchsberechtigte private Personen (Landarbeiter, Flüchtlinge, Kleinlandwirte usw.) ein kleines Stück Land, die restliche Fläche ging in staatlichen Besitz über. Insgesamt erfolgten über 10 000 entschädigungslose Enteignungen, darunter rund 4000 mit weniger als den ursprünglich vorgesehenen 1200 ha.

Ihre Durchsetzung erfolgte mit äußerster Härte: Die Betroffenen verloren ihr gesamtes Privatvermögen, wurden vertrieben, und wer sich wehrte, auch umgebracht. Die Aktion schloss auch Bauern mit ein, die weniger als 100 ha besaßen, aber im Verdacht standen, Verbrechen in der Zeit des Nationalsozialismus begangen zu haben, wozu oftmals eine bloße Denunziation ausreichte.

Die Verteilung des enteigneten Landes an die Neubauern erfolgte ohne Prüfung ihrer Eignung und ohne Berücksichtigung der Überlebensfähigkeit der neuen Betriebe angesichts der unter Effektivitätsaspekten vielfach zu klein geratenen Flächen. Dies sollte kurze Zeit später eine der Rechtfertigungen seitens der SED zur Kollektivierung der Landwirtschaft sein.

Mit der Umgestaltung von Industrie und Landwirtschaft ging die Vertreibung der alten, nicht nur der NS-belasteten Eliten einher; an ihre Stelle traten Begünstigte des neuen Systems, von denen sich die SMAD und vor allem die KPD/SED Gefolgschaft oder zumindest Loyalität versprachen. Binnen kürzester Zeit machten so Arbeiter und kleine Angestellte einen Karrieresprung, mit dem materielle Privilegien und ein höherer sozialer Status einhergingen. Dieser Personenkreis bildete die soziale Basis der SED-Herrschaft. Allerdings erwuchsen hieraus auch besondere Probleme, waren doch viele Neubauern und vor allem die meisten ökonomischen Führungskader nicht hinreichend oder überhaupt nicht für ihre Aufgabe qualifiziert.

Die soziale Neustrukturierung der Gesellschaft erfolgte auch über die Umgestaltung des Bildungswesens. Da die KPD/SED gemäß ihrer kommunistischen Ideologie zudem davon ausging, dass der »neue Mensch« weniger durch die Umerziehung älterer Menschen als durch die Prägung junger zu erreichen sei, legte sie von Beginn an großen Wert auf die Besetzung von Schlüsselpositionen in der Bildungsverwaltung mit ihren Kadern.

Vorrangiges Ziel der kommunistischen Bildungsreform war die Brechung des »bürgerlichen Bildungsprivilegs«. An die Stelle des alten, institutionell differenzierten Schulsystems trat eine einheitliche achtjährige gemeinsame Schule für alle Kinder, der eine vierstufige Ober- bzw. dreistufige Berufsschule folgte. Gleichzeitig begann der Aufbau von Zentralschulen, Dorfschulen wurden vielerorts geschlossen. Als Hauptproblem erwies sich die Rekrutierung von Lehrern, da rund drei Viertel des Lehrpersonals Mitglieder der NSDAP gewesen waren und größtenteils ausscheiden mussten. In Schnellkursen ausgebildete Neulehrer sollten vor allem eine »antifaschistische« Erziehung gewährleisten. Reformpädagogische Ansätze, die an Konzepten aus der Weimarer Republik anknüpfen wollten, wurden schon bald verboten.

Ähnlich fundamental bauten SMAD und SED die Hochschulen um. Sie entließen und vertrieben nicht nur NS-belastete, sondern auch viele bürgerlich-konservative Professoren, die sich ihrem Diktat nicht beugten. Der Verlust an Professoren konnte nur mühsam durch Lehrkräfte kompensiert werden, die in Kurzlehrgängen ausgebildet wurden. Nach den ersten, noch freien Wahlen im Hochschulbereich im Wintersemester 1946/47, die eine starke nichtkommunistische Mehrheit ergaben, griff die SED zu repressiven Maßnahmen. Studentenführer, die nicht unter ihrer Kontrolle standen und beispielsweise ein Recht auf freie Meinungsäußerung oder auf freie Wahlen in der sowjetischen Besatzungszone forderten, wurden verfolgt und inhaftiert. Die SED verstärkte ihren Einfluss auf Lehre und Forschung; die Gleichschaltung der studentischen Vertretung erfolgte über die FDJ.

Nach dem Verständnis der SED hatten die Hochschulen die Ausbildung einer neuen sozialen und politischen Elite zu gewährleisten, die an die Stelle der alten treten sollte. Die Hochschulen öffneten sich für jüngere Berufstätige ohne Abitur. Zur Erhöhung des Arbeiteranteils an den Studierenden wurden Zulassungsquoten nach der sozialen Herkunft eingeführt, wobei der Funktionärsnachwuchs als »Arbeiterkinder« eingestuft wurde. Auch durch spezielle Vorbereitungskurse in neuen Institutionen, die später zu Vorstudienanstalten und Arbeiter-und-Bauern-Fakultäten ausgebaut wurden, gelang es der SED, den Anteil der Arbeiter-und-Bauern-Kinder unter den Studierenden zu erhöhen. Neben der fachlichen Wissensvermittlung sollten die Hochschulen Einfluss auf die ideologische Schulung der Studenten nehmen; Marxismus-Leninismus wurde für Studenten aller Fachrichtungen Pflichtfach. Ein Hochschulabsolvent musste fachlich gut ausgebildet, aber auch von der Richtigkeit der SED-Ideologie überzeugt und der Partei treu ergeben sein, wobei gerade in den Anfangsjahren der sowjetischen Besatzungszone bzw. DDR der ideologischen Zuverlässigkeit vielfach höheres Gewicht zukam als der fachlichen Kompetenz.

2.4 Speziallager

Die sowjetische Besatzungsmacht richtete unmittelbar nach der Machtübernahme in ihrer Zone zehn Sonderlager ein, um Kriegsverbrecher und unter dem Verdacht der aktiven Nazi-Mitgliedschaft stehende Personen festzusetzen. Die bekanntesten unter ihnen waren Buchenwald, Berlin-Hohenschönhausen, Bautzen und Sachsenhausen.

Insgesamt wurden etwa 150 000 bis 180 000 Personen in die Speziallager eingewiesen. Die Zahl der hier zu Tode gekommenen, oft verhungerten Menschen beträgt über 40 000. Die Zahl der von sowjetischen Militärtribunalen unter dem Vorwurf von NS-Verbrechen Verurteilten liegt bei etwa 40 000 bis 50 000. Hohe Strafen waren an der Tagesordnung. In vielen Fällen basierte die Anklage ausschließlich auf einem »Geständnis« der Inhaftierten, das häufig mit physischer oder psychischer Folter erpresst wurde. Die Urteilssprüche waren zumeist mit der Konfiszierung von Hab und Gut verbunden. Bis Ende 1947 wurden mehr als 20 000 Menschen in die Sowjetunion verschleppt und dort in Zwangslager verbracht oder hingerichtet. Auch in der sowjetischen Besatzungszone vollstreckten sowjetische Besatzungstruppen zahlreiche Todesurteile.

Gegenüber Jugendlichen kannten die Sowjets ebenfalls keine Gnade: Unter dem Vorwand, »Werwölfe« zu sein oder einer neofaschistischen Organisation anzugehören, wurden in der gesamten Besatzungszone zahlreiche junge Menschen verhaftet und zu teilweise langjährigen Freiheitsstrafen verurteilt.

Neben ehemaligen Nazis wurden Sozialdemokraten und bürgerlich gesinnte Personen, die sich dem kommunistischen Regime widersetzten oder denunziert worden waren, in die Speziallager gebracht und zum Teil verurteilt; manche hatten schon unter nationalsozialistischer Herrschaft in denselben Lagern gesessen.

2.5 Entnazifizierung und Integration ehemaliger Nazis

Die Entnazifizierung erfolgte in der sowjetischen Besatzungszone bzw. DDR umfassender als in den Westzonen und der Bundesrepublik. Nach Schätzungen wurde insgesamt etwa eine halbe Million Nationalsozialisten, darunter vier Fünftel aller Richter und mehr als die Hälfte der Lehrer, ihrer bisherigen beruflichen Positionen enthoben bzw. nicht wieder eingestellt. Nach allerdings nur bedingt glaubwürdigen DDR-Angaben gab es bis Mitte der sechziger Jahre etwa 16 000 Anklagen gegen NSDAP- und Wehrmachtsangehörige, von denen knapp 13 000 mit Verurteilungen endeten. Etwa 5000 ehemalige Nationalsozialisten mussten Freiheitsstrafen über drei Jahre verbüßen; in 119 Fällen ergingen Todesurteile.

Im Februar 1948 zog die sowjetische Militäradministration mit dem SMAD-Befehl Nr. 35 einen Schlussstrich unter die Entnazifizierung, obwohl die strafrechtlichen Verfahren gegen Nazi- und Kriegsverbrecher weitergeführt wurden. Die SED nutzte allerdings diese Prozesse auch zur Entlassung missliebigen Personals aus Wirtschaft und Staat; an dessen Stelle plazierte sie eigene Kader. Daneben verhalf sie vornehmlich solchen ehemaligen NSDAP-Mitgliedern, die in sowjetischer Kriegsgefangenschaft der nationalsozialistischen Ideologie abgeschworen hatten, zu einer zum Teil steilen Karriere.

Hochrangige Medienvertreter waren ebenso wie der DDR-Staatsbank-Präsident und verschiedene DDR-Minister früher Mitglieder der NSDAP und selbst in der Volkskammer der DDR saßen Ende der fünfziger Jahre 66 Abgeordnete, die vormals der NSDAP oder ihren Untergliederungen angehört hatten. Ehemalige Nationalsozialisten, die sich nun der Sache der Arbeiterklasse und ihrer Avantgarde widmeten, konnten in der SED wie in den Ministerien und auch in den meisten Berufen rasch wieder Karriere machen; nur die obersten politischen Etagen blieben ihnen versperrt.

Der Anteil ehemaliger Nazis in der SED – mehrere hunderttausend Personen – dürfte erheblich höher als in der NDPD gewesen sein. Sie verhielten sich besonders diszipliniert und waren von den wiederholten »Säuberungen« innerhalb der Partei deutlich weniger betroffen als ehemalige Sozialdemokraten oder von der offiziellen Linie abweichende Kommunisten.

Unter den hauptamtlichen Mitarbeitern des ZK-Apparates befanden sich 1954 von insgesamt knapp 600 Mitarbeitern gut 200, die vor 1945 in der NSDAP oder einer ihrer Gliederungen organisiert waren. Etwa jeder dritte Beschäftigte im Zentralkomitee und in SED-Bezirks- und Kreisleitungen zwischen 1953 und 1955 war zuvor Mitglied in der NSDAP oder ihren Massenorganisationen.[9] Selbst im letzten von Erich Honecker zusammengestellten Zentralkomitee befanden sich noch 14 frühere NSDAP-Mitglieder.

Im Jahr 1950 wurden rund 3400 noch nicht verurteilte und unter dem Verdacht von NS-Verbrechen stehende Insassen der sowjetischen Speziallager an die Behörden der DDR übergeben. Die DDR-Justiz verurteilte in Waldheim innerhalb kürzester Zeit mehr als 3000 Angeklagte, nur knapp 300 erhielten weniger als zehn Jahre Haft. 157 von ihnen waren vor 1933 Sozialdemokraten, 55 frühere KPD-Mitglieder. 31 Menschen wurden zum Tode verurteilt, 24 von ihnen am 4. November 1950 hingerichtet. Die Waldheim-Prozesse waren inszenierte Verfahren ohne Rechtscharakter, die die Funktion hatten, das antifaschistische Anliegen der DDR mit drakonischen Strafen demonstrativ zu unterstreichen und die Entnazifizierung mit einem symbolischen Akt offiziell für beendet zu erklären.

Die politische Justiz spielte bei der Absicherung der SED-Herrschaft eine zentrale Rolle, da das Recht als »Waffe im Klassenkampf« und Rechtsfragen als Machtfragen galten. Eine unabhängige Justiz wäre somit systemfremd gewesen. Das Justizpersonal wurde nahezu vollständig ausgetauscht. Schon im April 1950 waren über die Hälfte aller Richter und 86 % aller Staatsanwälte SED-Mitglieder. Die politische Steuerung der Justiz lag vor allem in den Händen der ZK-Abteilung für Staat und Recht, die im Bereich des politischen Strafrechts schwerpunktmä-

Vgl. Dokument 5, S. 147

9 Vgl. Olaf Kappelt, *Braunbuch DDR. Nazis in der DDR*, Berlin ^{2}2009, S. 230.

ßig mit der Abteilung IX des MfS zusammenarbeitete, die als Untersuchungsorgan fungierte, während die Abteilung XIV Untersuchungshaftanstalten betrieb. Die für politische Strafsachen zuständigen Staatsanwälte, die vor ihrem Einsatz von SED und MfS überprüft wurden, übernahmen die von der Staatssicherheit vorformulierten Anklageschriften häufig unverändert.

Die Arbeit freier Anwälte wurde von den Justizbehörden zuerst behindert und dann eingeschränkt, indem nach sowjetischem Vorbild Anwaltskollegien zu bilden waren. Nur derart zugelassene Rechtsanwälte konnten als Pflichtverteidiger in Strafsachen und als Armenanwälte bestellt werden.

3. Die Gründung der DDR und das Staatsverständnis der SED

Schon unmittelbar nach der Machtübernahme hatte die SMAD den Aufbau staatlicher Verwaltungsstrukturen auf zentraler Ebene und in den Ländern angeordnet. Beim Aufbau deutscher Verwaltungen achtete sie darauf, dass durch die richtige Auswahl und den Einsatz geeigneter Kader der Aufbau staatlicher Institutionen parallel zu den gesellschaftlichen Veränderungen ebenfalls Transformationscharakter hatte. Darüber hinaus behielt sie das Ziel im Auge, die entstehenden Verwaltungen ggf. auf ganz Deutschland übertragen zu können.

Der Aufbau der Polizei erfolgte in enger Abstimmung mit der SMAD. Die Einrichtung einer in die Innenverwaltung integrierten politischen Polizei oblag dem späteren Minister für Staatssicherheit, Erich Mielke. Am 18. November 1946 ordnete die sowjetische Besatzungsmacht die Aufstellung paramilitärischer Einheiten in Gestalt einer Grenzpolizei an. Ein Jahr später wurde sie administrativ der Innenverwaltung unterstellt. Zum gleichen Zeitpunkt begann auch der Aufbau einer kasernierten Polizei, in die viele ehemalige Wehrmachtsoffiziere integriert wurden, die sogar Funktionen in den im Juni 1949 gegründeten Volkspolizeischulen übernahmen. Führende Polizeioffiziere wurden von der SED zur militärischen Weiterbildung in die Sowjetunion delegiert.

Ebenfalls aufgrund eines SMAD-Befehls entstand eine besondere Politische Polizei, die Kommissariate 5 (K 5), die den Kern eines geheimdienstlichen Überwachungsapparates darstellten. Der Aufbau des neuen Sicherheitsapparates wurde offiziell mit der Notwendigkeit weiterer Entnazifizierung begründet. Zu den Aufgaben des K 5 zählte freilich nicht nur das Aufspüren ehemaliger Nationalsozialisten, sondern vor allem die Überwachung und Bekämpfung von Gegnern des Sozialismus.

Mit der Deutschen Wirtschaftskommission schuf sich die SED ein zentrales staatliches Exekutivorgan, das mit der als Repräsentativgremium vorgesehenen »Volkskongress-Bewegung« korrespondierte. Mitte des Jahres 1948 waren damit die institutionellen Grundlagen für die Gründung eines ostdeutschen Teilstaates gelegt.

Anders als Stalin hatte die SED die Gründung eines eigenen Staates von Beginn an fest im Blick. Durch eine revolutionäre Umwälzung in den anderen deutschen Zonen strebte sie eine Wiedervereinigung mit dem Westen an. Einer der führenden KPD-Funktionäre, Anton Ackermann, formulierte diese Strategie schon im Moskauer Exil: »Was in dem einen Teil verwirklicht werden kann mit Hilfe der Roten Armee, wird im anderen Teil Kampffrage sein.«[10]

In der Vorbereitung der Übernahme des Staates durch die SED warnte der ehemalige Sozialdemokrat und spätere erste Ministerpräsident der DDR, Otto Grotewohl, 1948 davor, den alten bürgerlichen Staat zu restaurieren. In dem »neuen Staat« reiche es nicht, die Schaltstellen mit SED-Genossen zu besetzen, sondern diesen müsse klargemacht werden, dass sie »[...] Luft wären, daß sie nichts sind, wenn sie nicht auf dem Boden der Partei stehen«.[11]

Entgegen der Propaganda- und Täuschungsparole vom »antifaschistisch-demokratischen Neuanfang« hatten ehemalige Sozialdemokraten also schnell gelernt, worum es den deutschen Kommunisten ging: um die Zerstörung des bürgerlichen Staates und den Aufbau einer »sozialistischen Demokratie«, die politisch durch die »Diktatur des Proletariats« und ökonomisch durch die Verstaatlichung der Produktionsmittel gekennzeichnet war.

10 Zit. nach: Klaus Schroeder, »Westapparat und Westpolitik der KPD/SED nach 1945«, in: *Zeitschrift des Forschungsverbundes SED-Staat* (ZdF) Nr. 7/1999, S. 50.

11 Zit. nach: Klaus Schroeder, »Staatsverständnis und Herrschaftsform der SED«, in: Peter März (Hrsg.), *40 Jahre Zweistaatlichkeit in Deutschland. Eine Bilanz*, München 1999, S. 99.

Nachdem sich die Auseinandersetzungen zwischen den »Verbündeten wider Willen« der ehemaligen »Anti-Hitler-Koalition« verschärft hatten und die Westalliierten die Gründung eines »Weststaates« forcierten, wurde am 7. Oktober 1949 auf Weisung Stalins die DDR gegründet, die er als einen »Wendepunkt in der Geschichte Europas« kennzeichnete. Auf eine Legitimation des neuen deutschen Teilstaates durch Wahlen hatte die SED vorsichtshalber verzichtet. Ein Jahr später durfte die DDR-Bevölkerung per »Einheitsliste«, auf der neben SED, CDU und LDPD zwei weitere Parteien – die NDPD und die Bauernpartei – sowie einige Massenorganisationen vertreten waren, die Abgeordneten der »Volkskammer« wählen. Da die Verteilung der Sitze vorher festgelegt wurde, war die Wahl eine Farce. 25 % der Sitze erhielt die SED, je 15 % CDU und LDPD, je 7,5 % NDPD und DBD, 10 % der FDGB, je 5 % FDJ und Kulturbund, je 3,7 % der Demokratische Frauenbund und die VVN sowie je 1,3 % die VdgB und die Genossenschaften. Trotzdem fälschte die SED auch in Zukunft alle Abstimmungen und erreichte so immer fast 100 % der Stimmen.

Vgl. Dokument 3, S. 145

Vgl. Dokument 6, S. 149

Unmittelbar nach der Staatsgründung setzte die Kommunistische Partei in Absprache mit der »Sowjetischen Kontrollkommission« (SKK) – der Nachfolgerin der SMAD – die strukturellen Veränderungen in Staat und Gesellschaft nach dem Vorbild des sowjetischen Systems fort. Neben der Ausrichtung der Mitgliedschaft auf die Parteispitze durch »Säuberungen« und Disziplinierungen festigte sie ihre Macht durch die bedingungslose Unterordnung von Blockparteien und Massenorganisationen unter ihr Primat. Widerstrebende oder auch nur zögerliche Politiker aus CDU und LDPD wurden gemaßregelt, abgesetzt, inhaftiert oder zur Flucht in den Westen getrieben. Den Massenorganisationen wies die SED neben der legitimatorischen Rolle verstärkt Funktionen bei der Durchsetzung von Staatsaufgaben zu; sie mutierten damit faktisch zu einem verlängerten Arm von Partei und Staat. Die politische Gleichschaltung war Anfang der fünfziger Jahre endgültig abgeschlossen.

Nach der Staatsgründung wurde Realität, was die Parteiführung schon im Frühsommer 1948 bei der offiziellen Verwandlung der SED in eine marxistisch-leninistische Kader- und Massenpartei formuliert hatte: »Die führende Rolle der Partei bedingt [...], daß alle Parteileitungen die Fähigkeit erwerben, den Staat, die Länder, Kreise und Gemeinden, die Betriebe, die Industrie, die Landwirtschaft, die Schule, das kulturelle Leben usw., das alles zu verwalten und zu führen.«[12] Die Treue zur Partei stand über der Loyalität zum Staat bzw. beide sollten identisch werden. Die DDR kann von daher mit Fug und Recht als SED-Staat bezeichnet werden.

Die am 7. Oktober 1949 in Kraft gesetzte Verfassung der DDR entsprach, wahrscheinlich mit Rücksicht auf die deutschlandpolitischen Ambitionen der Sowjetunion, nicht dem Vorbild der Stalin-Verfassung von 1936, sondern wies deutliche Bezugspunkte zur Weimarer Verfassung von 1919 auf. Sie bezeichnete Deutschland als unteilbare Republik, bestimmte eine zentralistische Staatsform mit der Volkskammer als höchstem Organ und legte in Artikel 3 sogar fest, dass alle Staatsgewalt vom Volke auszugehen habe. Festgeschrieben wurden auch Grundsätze des Verhältniswahlrechts, namentlich »allgemeine, gleiche, unmittelbare und geheime Wahl«. Die Regierungsbildung sollte jedoch auf Grundlage des Blocksystems erfolgen, der Ministerpräsident von der stärksten Fraktion gestellt werden. Eine Koalitionsbildung gegen die SED war damit ausgeschlossen. Anders als in der Weimarer Republik war eine

12 Zit. nach: Klaus Schroeder, *Der SED-Staat. Partei, Staat und Gesellschaft 1949–1990*, München 1998, S. 61.

DDR

SED

Generalsekretär

Staat

Politbüro unter Leitung des Generalsekretärs der SED: Fällt alle politischen, ökonomischen und sonstigen Grundsatzentscheidungen; oberstes Machtorgan in der DDR unterhalb der sowjetischen Besatzungsmacht.

Partei und Staat sind nach einem einheitlichen Prinzip organisiert, dem **»demokratischen Zentralismus«:**

- Strikte Hierarchisierung von Partei, Staat und Gesellschaft
- Lenkung und Kontrolle der nachgeordneten Organe durch die jeweils höheren Organe
- Wahl der von den übergeordneten Organen vorgeschlagenen oder bestätigten Kandidaten
- Rechenschaftsberichte auf den verschiedenen Ebenen

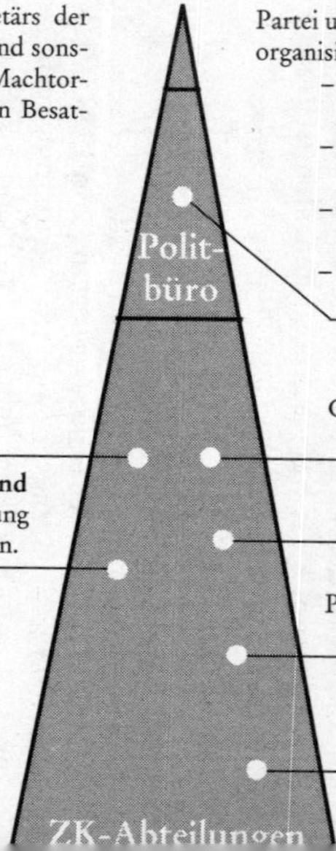

Ministerium für Staatssicherheit (MfS) – **»Schild und Schwert der Partei«:** Geheimpolizei und zentrales Unterdrückungsinstrument.

Staatsrat: Oberste, von der SED gesteuerte außenpolitische Repräsentationsinstanz.

Sekretariat des Zentralkomitees der SED und ZK-Abteilungen: Vorbereitung, Durchführung und Kontrolle aller Grundsatzentscheidungen.

Zentralkomitee der SED: Formell höchstes Parteiorgan, faktisch Akklamationsorgan zwischen den Parteitagen.

Ministerrat: Regierung, die die vom SED-Politbüro gefassten Beschlüsse unter Kontrolle der ZK-Abteilungen umsetzt.

Nationaler Verteidigungsrat: Vom SED-Generalsekretär geleitetes oberstes Sicherheitsorgan.

Oberstes Gericht: Höchstes von der SED gesteuertes und kontrolliertes Organ der

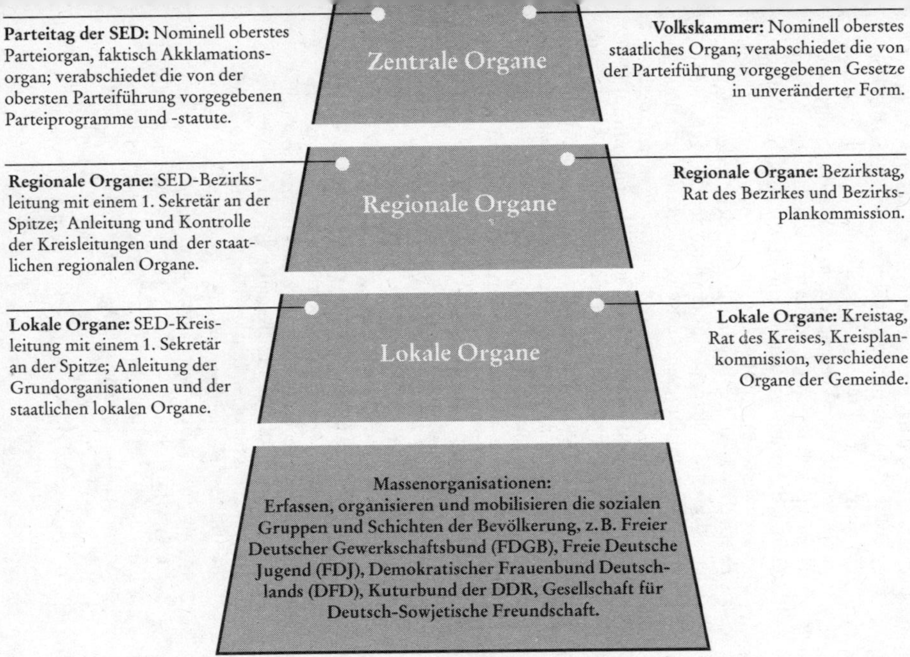
Parteitag der SED: Nominell oberstes Parteiorgan, faktisch Akklamationsorgan; verabschiedet die von der obersten Parteiführung vorgegebenen Parteiprogramme und -statute.
Zentrale Organe
Volkskammer: Nominell oberstes staatliches Organ; verabschiedet die von der Parteiführung vorgegebenen Gesetze in unveränderter Form.
Regionale Organe: SED-Bezirksleitung mit einem 1. Sekretär an der Spitze; Anleitung und Kontrolle der Kreisleitungen und der staatlichen regionalen Organe.
Regionale Organe
Regionale Organe: Bezirkstag, Rat des Bezirkes und Bezirksplankommission.
Lokale Organe: SED-Kreisleitung mit einem 1. Sekretär an der Spitze; Anleitung der Grundorganisationen und der staatlichen lokalen Organe.
Lokale Organe
Lokale Organe: Kreistag, Rat des Kreises, Kreisplankommission, verschiedene Organe der Gemeinde.
Massenorganisationen:
Erfassen, organisieren und mobilisieren die sozialen Gruppen und Schichten der Bevölkerung, z. B. Freier Deutscher Gewerkschaftsbund (FDGB), Freie Deutsche Jugend (FDJ), Demokratischer Frauenbund Deutschlands (DFD), Kuturbund der DDR, Gesellschaft für Deutsch-Sowjetische Freundschaft.

unabhängige Justiz nicht vorgesehen. Besondere Bedeutung sollte dagegen dem Artikel 6 zukommen: »Boykotthetze gegen demokratische Einrichtungen und Organisationen« wurde als »Verbrechen im Sinne des Strafgesetzbuches« gekennzeichnet. Hiermit schuf die SED die rechtlichen Voraussetzungen zur strafrechtlichen Verfolgung jeglicher Opposition.

Faktisch waren die Bestimmungen der Verfassung, vor allem die garantierten Grundrechte der Bürger (Rede-, Presse-, Versammlungs- und Religionsfreiheit, das Postgeheimnis usw.) jedoch nicht das Papier wert, auf dem sie niedergeschrieben waren, zumal sie auch nicht unmittelbar geltendes Recht wurden. Da die SED von Beginn an Staatsapparat, Justiz und Massenorganisationen dominierte, das Meinungsmonopol in den Medien und der Kultur besaß und den Marxismus-Leninismus zur Staatsideologie erklärte, konnten individuelle Grundrechte nicht wirksam werden.

Das politische System – Machtmonopol der SED und Gewalteneinheit

Die SED besaß von der Gründung bis zum Untergang der DDR unter dem Schutz und nach Maßgabe der sowjetischen Besatzungsmacht unbeschränkte Macht, die sich auf alle Bereiche von Staat und Gesellschaft erstreckte und mit einer entsprechenden Politik der Sicherung und des Ausbaus der Parteimacht verbunden war. Die Partei legitimierte ihre »Führungsrolle« durch die »historische Mission«, die vom Marxismus-Leninismus der »Arbeiterklasse« und ihrer Avantgarde – der kommunistischen Partei – zugeschrieben wird. Demokratische Wahlen gab es nicht. Die DDR war eine Diktatur der Partei – der SED – über das Volk.

An die Stelle der im politischen System moderner westlicher Gesellschaften vorhandenen Gewaltenteilung trat in der DDR die Gewaltenkonzentration, d.h., die legislative, judikative und exekutive Macht lag in den Händen der SED-Führung. In ihrem Aufbau folgte die SED dem Vorbild der sowjetischen KPdSU. Im Zentrum der Macht saß der Generalsekretär des Zentralkomitees (von 1950–1971 Walter Ulbricht; von 1971–1989 Erich Honecker, im Herbst 1989 kurzzeitig Egon Krenz), der die wichtigsten Funktionen in Partei und Staat auf sich vereinte. Er leitete die Sitzung des Politbüros und des Sekretariats des ZK und war Chef des zentralen Parteiapparates, der für die Umsetzung der Beschlüsse der obersten Parteigremien verantwortlich war. Seit 1960 fungierte der jeweilige Generalsekretär meist auch als Vorsitzender des Staatsrates und damit als formales Staatsoberhaupt der DDR.

Die im SED-Politbüro getroffenen Entscheidungen waren sowohl für die Gliederungen der Partei in den Bezirken und Kreisen der DDR als auch für den gesamten Staatsapparat verbindlich. Die SED übertrug ihr hierarchisches Organisationsprinzip – den demokratischen Zentralismus – auf alle anderen staatlichen und gesellschaftlichen Institutionen und Organisationen. Nach diesem Prinzip hatten nachgeordnete Instanzen die Beschlüsse der Zentrale in ihrem Bereich umzusetzen.

Die SED-Führung lenkte und kontrollierte über ihren zentralen und regionalen Parteiapparat die anderen Blockparteien und alle Massenorganisationen. Nur die Kirchen waren formal eigenständig, standen aber ebenso unter Beobachtung und Kontrolle der Partei und vor allem des MfS.

Eine zentrale Rolle bei der Absicherung des SED-

Machtmonopols spielte die politische Justiz. Das sozialistische Recht galt als »Waffe im Klassenkampf«, Rechtsfragen waren Machtfragen. Die SED-Führung konnte jederzeit das »sozialistische Recht« in ihrem Sinne auslegen. Es gab keine Kontrolle durch ein Verfassungsgericht oder Verwaltungsgerichte.

Vgl. Dokument 5, S. 147

Über ein so genanntes Nomenklatursystem besetzte die SED alle wichtigen Leitungsfunktionen in den Parteien sowie in Staat, Wirtschaft und gesellschaftlichen Organisationen. Die Auswahl der Kader – wie das Personal genannt wurde – erfolgte aufgrund einer mehrstufigen Hierarchie, nach der die jeweils zuständige SED-Gliederung immer die letzte Entscheidung traf.

Die SED-Führung hielt ihre Macht über vier Jahrzehnte nicht nur durch die Androhung und Anwendung von Zwang und Gewalt aufrecht, sondern konnte sich außerdem auf eine ihr loyal ergebene Schicht von etwa 300 000 bis 400 000 Funktionären stützen.

Als Symbole des neuen Staates DDR wählte die SED eine schwarz-rot-goldene Fahne, die 1959 durch das Emblem Hammer-Zirkel-Ährenkranz ergänzt wurde, und als Hymne das von Hanns Eisler komponierte und Johannes R. Becher verfasste dreistrophige Lied »Auferstanden aus Ruinen«. Solange das zu »einigende Vaterland« noch Teil der SED-Propaganda war, durfte die Hymne gesungen werden, später war bei offiziellen Anlässen nur die Instrumentalfassung zu hören. Der Stellenwert der SED wurde in dem von Louis Fürnberg geschriebenen Parteilied »Die Partei hat immer recht« offenkundig.

Vgl. Dokument 7, S. 150

Vgl. Dokument 8, S. 151

4. Der Aufbau des Sozialismus und der Volksaufstand im Juni 1953

Nach dem Sieg der Kommunisten im chinesischen Bürgerkrieg 1949, dem erfolgreichen sowjetischen Atombombenversuch und dem Ausbruch des Korea-Krieges befürchteten beide deutsche Staaten eine Konfrontation der Blöcke, in die sie an vorderster Front einbezogen würden. Da die Remilitarisierung in der DDR durch Kasernierte Polizei, Grenz- und Transportpolizei schon relativ weit fortgeschritten war, erklärte die Regierung der Bundesrepublik bei der Unterzeichnung des »Deutschland-Vertrages« und des Vertrages über die europäische Verteidigungsgemeinschaft im Mai 1952, dass sie eine westdeutsche Armee aufbauen wolle.

Als unmittelbare Reaktion auf die Unterzeichnung des »Deutschland-Vertrages« riegelte die DDR im Mai 1952 die innerdeutsche Grenze ab. Nach Zwangsumsiedlungen von Bewohnern im östlichen Zonengrenzraum unter dem Decknamen »Ungeziefer« wurden eine 5 km tiefe Sperrzone und ein 10 m breiter Kontrollstreifen entlang der innerdeutschen Grenze errichtet und ein »Schießbefehl« erlassen.

Der Versuch der Sowjetunion, durch verschiedene so genannte »Stalin-Noten« die Westintegration der Bundesrepublik zu verhindern, misslang, weil die Westmächte einer Vereinigung Deutschlands nur bei freien gesamtdeutschen Wahlen zustimmen wollten. Das Scheitern der sowjetischen Initiative nahm die SED-Führung mit Erleichterung auf, da sie eine Preisgabe ihres Staates zugunsten eines neutralen Gesamtdeutschlands befürchtete. Im April 1952 erhielt die SED-Führung bei einem Besuch in Moskau die Direktive: »Volksarmee schaffen – ohne Geschrei – pazifistische Periode ist vorbei« und gleichzeitig die Aufforderung, die Demarkationslinie gegenüber dem Westen als

»gefährliche Grenze« abzusichern und nun verstärkt gegen innere Feinde vorzugehen sowie die Gesellschaft schneller auf den »Weg zum Sozialismus« zu bringen.[13]

Die politische Gleichschaltung von Parteien und Massenorganisationen in der DDR erfolgte auf mehreren Ebenen. In einem ersten Schritt wurden alle Mitglieder, die als politisch-ideologisch unzuverlässig galten, aus der SED ausgeschlossen. Zwischen Dezember 1950 und Dezember 1951 sank die Zahl der Mitglieder und Kandidaten der SED von knapp 1,6 Mio. auf etwa 1,2 Mio. Selbst in der Führungsspitze der SED kam es zu »Säuberungen«. Unter dem Vorwand der Kontaktaufnahme zu einem angeblichen amerikanischen Spion konstruierte die Parteiführung Anklagen gegen führende Genossen, erpresste Geständnisse und führte der Öffentlichkeit »Sündenböcke« vor.

In den Massenorganisationen dominierten seit den frühen fünfziger Jahren nahezu ausschließlich kommunistische Funktionäre. Ihre Lenkung und Kontrolle durch den Parteiapparat der SED erfolgte weitgehend reibungslos.

4.1 Antizionismus und Antisemitismus im SED-Staat

Für die SED war der Nationalsozialismus vor allem durch Antikommunismus und weniger durch Antisemitismus geprägt. Die rassenideologischen Grundlagen des Nationalsozialismus und die Vernichtung der Juden kamen in dieser sozialistischen Darstellung des NS-Regimes nur am Rande vor. Zwar wurden nach dieser Lesart Juden ebenso wie Kommunisten verfolgt, aber da nur Letztere gegen den »Faschismus« gekämpft hätten, waren sie etwas Besonderes und wurden dementsprechend materiell belohnt.

13 Vgl. Bruno Thoß (Hrsg.), *Volksarmee schaffen – ohne Geschrei!*, München 1994, S. 86 f., 204, 261.

Erste deutliche antijüdische Aktivitäten der SED begannen bereits Anfang der fünfziger Jahre. Den Hintergrund bildeten massive Judenverfolgungen in der Sowjetunion und anderen osteuropäischen Staaten. In diesem Zusammenhang ließ die SED ihr ehemaliges Politbüromitglied Paul Merker unter dem Vorwand, »Agent der Zionisten« zu sein, verhaften. Merker hatte sich für Entschädigungszahlungen auch an nicht rückkehrwillige deutsche Juden eingesetzt. Damit habe er die »Verschiebung deutschen Volksvermögens« gefordert. Außerdem habe er, so die Argumentation der SED, »die aus den deutschen und ausländischen Arbeitern herausgepressten Maximalprofite der Monopolkapitalisten in angebliches jüdisches Eigentum des jüdischen Volkes« umgefälscht. »In Wirklichkeit sind bei der ›Arisierung‹ dieses Kapitals nur die Profite jüdischer Monopolkapitalisten in die Hände arischer Monopolkapitalisten übergewechselt.«[14]

Ausländerfeindlichkeit, Antisemitismus und Rechtsextremismus – das tabuisierte Erbe des SED-Staates

Da die SED nach ihrem eigenen Selbstverständnis den »Faschismus mit den Wurzeln ausgerottet« hatte, kennzeichnete sie bis in die Spätphase der DDR hinein alle rechtsextremistischen Äußerungen und Verhaltensweisen als vom Westen gesteuert oder beeinflusst. Ging es um Jugendliche, war offiziell zumeist die Rede von asozialem Verhalten oder Rowdytum.
Tatsächlich gab es während der gesamten Existenz der DDR immer wieder Vorfälle mit ausländerfeindlichem, antisemitischem oder rechtsextremistischem

14 Zit. nach: Mario Kessler, *Die SED und die Juden – zwischen Repression und Toleranz*, Berlin 1995, S. 153 f.

Hintergrund. Jüdische Friedhöfe wurden geschändet, Ausländer beschimpft und tätlich angegriffen und nationalsozialistische Symbole zur Provokation benutzt. Diese »Aktivitäten« wurden zwar registriert, öffentlich jedoch nicht thematisiert. Erst in den späten achtziger Jahren sprachen zumindest in internen Analysen SED und MfS diese Problematik an. So blieb es linken oppositionellen Gruppen vorbehalten, vor den Gefahren der sich zunehmend radikalisierenden und vernetzenden Szene zu warnen.

Obschon – jenseits der sowjetischen Soldaten – nur wenige Ausländer in der DDR lebten (etwa 1 % der Gesamtbevölkerung), häuften sich in den achtziger Jahren gewalttätige Konflikte zwischen Einheimischen und Ausländern. Viele DDR-Bewohner nannten Farbige »Brikettis« und Vietnamesen »Fidschis« und hegten spezielle Vorurteile gegenüber Ausländern. Sie beobachteten argwöhnisch eine Übererfüllung der Norm durch viele Ausländer, da sie eine allgemeine Normerhöhung befürchteten. Außerdem wirkte sich das organisierte »Abkaufen« von Mangelwaren durch Vertragsarbeiter negativ auf die Versorgungssituation aus. Schließlich empfanden es Teile der Bevölkerung als Spekulantentum, wenn sich zum Beispiel Vietnamesen durch Näharbeiten oder Handel mit Elektrogeräten zusätzlich Geld verdienten. Ausländische Studenten oder politische Flüchtlinge, die in den Westen reisen konnten, erregten ebenfalls Neid in der Bevölkerung.

Den bei großen Teilen der Bevölkerung noch vorhandenen Antisemitismus, der ein Erbe der rassistischen Ideologie des NS-Staates war, verknüpfte die SED mit antikapitalistischen Ressentiments und erhielt ihn so am Leben.

Nach dem Ausbruch des Sechs-Tage-Krieges im Nahen Osten im Jahre 1967 verschärfte die SED ihre Hetze gegen Israel und die Juden. Israel wurde dargestellt als Brückenkopf des »Weltimperialismus«, finanziert von internationalen Bankenkonsortien, eingebunden in anglofranzösische Aggressionsabsichten und den »Neokolonialismus der westdeutschen Bundesrepublik«. Selbst vor einer plumpen Analogie zwischen Israel und dem NS-Regime schreckte die SED nicht zurück. So berichtete ihre Nachrichtenagentur ADN zum Beispiel 1978: »Israel hat von Nazi-Deutschland gelernt« und beginge einen »Völkermord« an den Palästinensern, »die Juden – als Opfer – wurden zu Henkern«.

4.2 Der Sicherheitsapparat

Zur Sicherung ihrer politischen und gesellschaftlichen Macht setzte die SED unmittelbar nach Gründung der DDR in verstärktem Maße Polizei und Justiz ein und schuf sich im Jahre 1950 mit dem Ministerium für Staatssicherheit (MfS) einen zentralen Überwachungs- und Kontrollapparat, der fortan die Geschichte der DDR nachhaltig bestimmen sollte. Das im wesentlichen aus der so genannten Informationsabteilung der DWK, der Hauptverwaltung zum Schutz des Volkseigentums und der K 5 aufgebaute MfS startete 1950 mit etwa 2700 hauptamtlichen Mitarbeitern. Der Aufbau erfolgte nach sowjetischem Vorbild und sowjetische Instrukteure sorgten dafür, dass die DDR-Staatssicherheit detailliert die Methoden der sowjetischen Geheimpolizei übernahm.[15]

15 Vgl. Karl-Werner Fricke, *MfS intern. Macht, Strukturen, Auflösung der DDR-Staatssicherheit*, Köln 1991.

Das Ministerium für Staatssicherheit (MfS) – Schild und Schwert der SED

Die SED konnte ihre Macht nur unter dem Schutz der Sowjetarmee und mit Hilfe eines gigantischen Sicherheitsapparates errichten und aufrechterhalten. Das 1950 gegründete MfS war nicht »Staat im Staate«, sondern ein Organ der SED. Es war politische Geheimpolizei, Ermittlungsbehörde bei »politischen Straftatbeständen« und Nachrichtendienst in einem und steuerte Überwachung und Unterdrückung der eigenen Bevölkerung sowie externe Aufklärungs- und Diversionsmaßnahmen, vor allem gegen die Bundesrepublik.

Das MfS hatte nahezu unbegrenzten Zugang zum Umfeld der von ihm beobachteten Personen. Weder Post-, Fernmelde- oder Bankgeheimnis existierten noch eine ärztliche Schweigepflicht, keine Unverletzlichkeit der Wohnung, keine Vertraulichkeit von Personalunterlagen. SED und Stasi hatten Zugang zu allen Daten.

Vgl. Dokument 29, S. 191

Ende 1989 beschäftigte das Ministerium etwa 91 000 hauptamtliche und knapp 190 000 Inoffizielle Mitarbeiter, d. h., auf etwa 60 Einwohner kam ein MfS-Mitarbeiter. Im Zeitverlauf bespitzelten etwa 600 000 Personen »inoffiziell« Freunde, Verwandte bis hin zu Ehepartnern, Arbeits- und Studienkollegen. Bis in die sechziger Jahre hinein verfolgte das MfS politisch Andersdenkende mit zum Teil brutalen Methoden. Nach der internationalen Anerkennung und der Präsenz westlicher Medien änderte es seinen Kurs. Über eine flächendeckende Überwachung aller potenziellen Gegner sollten oppositionelle Aktionen schon im

Vorfeld verhindert werden. Für besonders gefährlich eingestufte Personen wurden Maßnahmenpläne entwickelt, um diese zu »zersetzen«. Darunter verstand das MfS die »Zersplitterung, Lähmung, Desorganisierung und Isolierung feindlich-negativer Kräfte« auf konspirativer Basis. Im Rahmen der »politisch-operativen Zusammenarbeit« (POZ) arbeitete das MfS mit anderen Institutionen und Organisationen eng zusammen.

Vgl. Dokument 17, S. 165

Auch für den Plan, im Falle einer inneren Krise als oppositionell eingestufte Personen »vorbeugend« in Isolierungslager zu verbringen, zeichnete das MfS verantwortlich. Vor allem über seine Hauptverwaltung Aufklärung (HVA) operierte das Ministerium auch in der Bundesrepublik.

Vgl. Dokument 28, S. 188

Bei der Auflösung des MfS wurden knapp 125 000 Pistolen, 77 000 Maschinenpistolen und zahlreiche weitere Waffen gefunden. Das MfS lässt sich insofern auch als geheime Bürgerkriegsarmee charakterisieren.

4.3 Die ideologiezentrierte Legitimation des SED-Staates

Die DDR als sowjetisches Kunstprodukt benötigte angesichts des Verzichts auf ein Wählervotum eine Legitimation, die der Bevölkerung eine Möglichkeit zur Identifikation bieten sollte. Im ideologischen Zentrum standen der Antifaschismus, der dem Staat historische Legitimation verleihen, und die Lehre des Marxismus-Leninismus, mit der die gesellschaftliche Entwicklung – und damit die Staatsgründung – interpretiert und in einen übergeordneten historischen Prozess eingeordnet werden sollte. Mit dieser Ideologie, die den Menschen nicht nur im Bildungssystem penetrant aufgenötigt wurde, wollte die SED ihre Vorstellung von einer geschichtlich fortschrittlichen und objektiv notwendigen »sozialistischen Gesellschaft« prägen.

Als Orientierung diente allen partei- und staatstragenden Akteuren ein vorgegebenes ideologisches Konstrukt (Marxismus-Leninismus), das im Grundsatz auf Schriften von Marx und Lenin basierte. Die jeweilige Interpretation der Texte, von der nicht abgewichen werden durfte, nahm die Parteiführung vor. Bei der Schulung des Funktionärskörpers der Partei kam bis Ende der fünfziger Jahre der vermeintlich wissenschaftlichen Schrift »Über die Grundlagen des Leninismus« eine grundlegende Bedeutung zu, die unter dem Namen von Josef Stalin vertrieben wurde.[16]

Aus legitimatorischer Sicht als weit bedeutsamer erwies sich die Formel vom Antifaschismus. Sie diente im kommunistischen Verständnis nicht nur der Bekämpfung des Faschismus/Nationalsozialismus, sondern ließ sich auch mit der Kritik an Kapitalismus und westlicher Demokratie verbinden. Da Faschismus und parlamentarische Demokratie nach diesem Verständnis politische Formen der gleichen Basis – eben des Kapitalismus – darstellten, konnte die Bundesrepublik als zumindest potenziell faschistisch diffamiert werden. Den Volksaufstand vom 17. Juni 1953 wertete die Partei als von der Bundesrepublik initiierten faschistischen Putschversuch, und die Mauer wurde folgerichtig als »antifaschistischer Schutzwall« bezeichnet.

16 Dieser Aufsatz von Stalin ist abgedruckt in: Josef Stalin, *Fragen des Leninismus*, Berlin (Ost) [5]1951.

4.4 Volkserhebung gegen die sozialistische Diktatur

Auf der zweiten Parteikonferenz im Juli 1952 erklärte die SED-Führung, sie wolle den Prozess der Sowjetisierung der Gesellschaft zu einem vorläufigen Abschluss bringen und den Aufbau des Sozialismus forcieren. Die noch vorhandenen wirtschaftlichen und sozialen Überreste einer nichtsozialistischen Gesellschaft sollten beseitigt, der Klassenkampf vorangetrieben werden. Doch es kam anders: Die SED provozierte ein Anwachsen der Flüchtlingszahlen und eine Erhebung gegen ihr Gewaltregime, die gleichermaßen Ausdruck bereits vorhandener Unzufriedenheit und mangelnder Legitimation ihrer Herrschaft waren. Der 17. Juni 1953 wurde zum Symbol des fehlenden Rückhalts des SED-Staates und zu einem Trauma für die Parteiführung.

Nicht zuletzt aufgrund der hohen Ausgaben für den Sicherheitsapparat, die Stationierung der Roten Armee und die noch zu leistenden Reparationen stand die DDR vor enormen wirtschaftlichen Schwierigkeiten. Angesichts dieser Situation verordnete die SED-Führung der Bevölkerung Enthaltsamkeit und Sparsamkeit und forderte eine Steigerung der Arbeitsproduktivität. Den selbständigen Bauern und kleinen Handel- und Gewerbetreibenden – also den verbliebenen Mittelschichten – bürdete sie extrem hohe Abgaben auf, um sie zur Aufgabe ihrer Selbständigkeit zu zwingen. Von der Kollektivierung der Landwirtschaft und der Enteignung der noch verbliebenen Privatindustrie versprach sie sich eine Erweiterung ihres wirtschaftlichen Spielraums.

Wer sich den Weisungen von Partei und Staat nicht fügte, wurde festgenommen und verurteilt. Bis zum Juni 1953 stieg die Zahl der Strafgefangenen auf rund 60 000 (in der Bundesrepublik gab es – bei einer mehr als dreifachen Bevölkerungszahl – zur gleichen Zeit etwa 40 000

Gefangene).[17] Angesichts der von den SED-gelenkten Medien gesteuerten Hetzkampagne gegen »Saboteure, Provokateure und Agenten« flohen zehntausende Menschen in die Bundesrepublik; allein zwischen Januar und Juli 1953 wurden über 300 000 Flüchtlinge registriert.

Nach der Staatstrauer um den im März 1953 verstorbenen Stalin, den »größten Menschen unserer Epoche« (Neues Deutschland), ordnete die Partei eine mindestens zehnprozentige Normerhöhung an, die für erhebliche Unruhe in den Betrieben sorgte und die Fluchtbewegung vor allem über die offenen Sektorengrenzen in Berlin anschwellen ließ. Daraufhin verlangte die KPdSU-Führung von der SED-Spitze eine sofortige Änderung ihrer Politik. Vor allem sollte die Partei ihre harte Linie gegenüber kleinbürgerlichen Schichten und der Kirche abschwächen. Der am 9. Juni von der Parteiführung verabschiedete »neue Kurs« sah ökonomische Zugeständnisse an Bauern, Handwerker und Geschäftsleute, aber auch einen veränderten Umgang mit der Kirche vor. Darüber hinaus sollte eine Überprüfung aller Strafurteile erfolgen und die Kollektivierung auf dem Land vorerst gestoppt werden. Nur die vermeintlich herrschende Arbeiterklasse wurde nicht mit Vergünstigungen bedacht, sondern die Erhöhung der Arbeitsnorm blieb bestehen. Nicht zuletzt deshalb verfehlte die Verkündung des »neuen Kurses« die beabsichtigte Wirkung: Vor allem die Arbeiter in den Großbetrieben reagierten empört. Das Fass war übergelaufen: Große Teile der Bevölkerung erhoben sich Mitte Juni gegen die SED-Diktatur. Am 16. Juni zogen Bauarbeiter zum Haus der Ministerien und forderten die Rücknahme der Normerhöhung, freie Wahlen und den Rücktritt der Regierung. Als daraufhin das SED-Politbüro die Normerhöhung aufhob, gleichzeitig aber den Füh-

17 Vgl. Falko Werkentin, *Politische Strafjustiz in der Ära Ulbricht*, Berlin 1995.

rungsanspruch der Partei bekräftigte, eskalierte die Situation.

Am 17. Juni artikulierte sich in der gesamten DDR Protest gegen die Partei- und Staatsführung. Allein in Berlin (Ost) gingen hunderttausend Menschen auf die Straße, in Halle rund 60 000 und in Leipzig an die 40 000.[18] Bis zum 21. Juni 1953 kam es insgesamt in über 700 Städten und Gemeinden zu Demonstrationen und Streiks gegen die SED und ihren Staat, an denen sich etwa eine Million Menschen beteiligten. Betriebe wurden bestreikt, Parteihäuser und Gefängnisse gestürmt, vereinzelt kam es auch zu Plünderungen, Brandstiftung sowie Gefangenenbefreiung. Die Forderungen nahmen schnell allgemeinpolitischen Charakter an und müssen als prinzipielle Ablehnung des SED-Staates gewertet werden. Die SED-Führung und ihr Sicherheitsapparat wurden von Ausmaß und Wucht des Aufstandes überrascht. Wilhelm Zaisser, Minister für Staatssicherheit, kommentierte die Situation: »Die Lage ist außerordentlich ernst. Es geht jetzt darum, wir oder sie.«[19]

Nur die Ausrufung des Ausnahmezustandes durch die SKK und der Einsatz sowjetischer Panzer und Truppen rettete die SED vor dem Sturz ihres Regimes. Durch die gewaltsame Zerschlagung von Demonstrationen und eine Verhaftungswelle gelang es den sowjetischen Truppen, eine Ausweitung der Unruhen am 17. Juni zu verhindern. Bei den Auseinandersetzungen wurden über 50 Protestierende von sowjetischen Soldaten bzw. der Kasernierten Volkspolizei getötet, mindestens 20 standrechtlich erschossen. Etwa 15 000 Menschen wurden verhaftet, 2500 verurteilt, ei-

Vgl. Dokument 9, S. 152

18 Vgl. Torsten Diedrich, *Waffen gegen das Volk. Der 17. Juni 1953 in der DDR*, München 2003, S. 53 ff.

19 Zit. nach: Ilko-Sascha Kowalczuk / Armin Mitter / Stefan Wolle (Hrsg.), *Der Tag X – 17. Juni 1953: Die »innere« Staatsgründung der DDR als Ergebnis der Krise 1952/1954*, Berlin 1995, S. 57.

nige zu langjährigen Haftstrafen, Zehntausende flohen in den Westen, um der verschärften Repression zu entgehen.

Die SED-Führung interpretierte die Unruhen als Werk faschistischer Agenten ausländischer Mächte und ihrer Helfershelfer sowie als »faschistischen« oder »konterrevolutionären Putsch«. Der Westen reagierte auf die Volkserhebung sehr zurückhaltend, da in der nach dem Tod Stalins unklaren weltpolitischen Situation vor allem die USA für die Sowjetunion berechenbar bleiben und sich trotz aller »Roll-Back«-Rhetorik nicht in ein ungewisses Abenteuer stürzen wollten. Der Bundestag würdigte den Mut der Aufständischen durch die schnelle Proklamation des 17. Juni zum nationalen Feiertag – zum Tag der deutschen Einheit.[20] Der Regierende Bürgermeister von Berlin, Ernst Reuter, betonte den Freiheitswillen des gesamten deutschen Volkes.

Vgl. Dokument 10, S. 153

Vgl. Dokument 11, S. 154

4.5 Die Konsolidierung der Macht

Nach der Niederschlagung des Aufstands setzte die SED-Führung alle Sicherheitsorgane ein, um mit den Aufständischen abzurechnen. Im Politbüro geriet Generalsekretär Ulbricht unter starken Druck, da mehrere Mitglieder für seinen Rücktritt votierten. Als jedoch der sowjetische Geheimchef Berija den Machtkampf um die Nachfolge Stalins gegen Chruschtschow und andere verlor und kurzerhand liquidiert wurde, konnte sich Ulbricht seiner Kritiker entledigen, da die neue sowjetische Führung seine Ablösung verhinderte, weil sie Unruhen befürchtete. Angefangen von der Parteiführung bis hin zum unteren Funktionärs-

20 Vgl. Hubertus Knabe, *17. Juni 1953. Ein deutscher Aufstand*, München 2003.

körper setzte nun eine Verfolgungswelle ein, die zu einer Vielzahl von Parteiausschlüssen und -strafen führte.

Die wichtigste Reaktion der SED-Führung auf den 17. Juni bestand in der Straffung und dem Ausbau ihres Macht- und Disziplinierungsapparats. Zur Koordination möglicher Aktivitäten von Staats- und Parteiorganen im inneren und äußeren Spannungsfall ordnete sie im Juli 1953 die sofortige Bildung von Bezirks- und Kreiseinsatzleitungen an, in denen Vertreter der Partei, des Staates, der Kasernierten Volkspolizei, der Volkspolizei und des MfS zusammenarbeiten sollten. An der Spitze dieser Gremien standen die jeweils ranghöchsten regionalen SED-Funktionäre. Ihre Aufgabe war es, mögliche Spannungsherde frühzeitig zu lokalisieren und entsprechende Maßnahmen zu ergreifen. Für die zentrale Ebene institutionalisierte das SED-Politbüro kurze Zeit später eine »Kommission für Sicherheitsfragen«, die sich mit grundsätzlichen Fragen der Sicherheit und Verteidigung des Landes beschäftigen sollte. Aus dieser Kommission wurde 1960 der »Nationale Verteidigungsrat« (NVR), das oberste staatliche Organ zum »Schutz des Arbeiter-und-Bauern-Staates und der sozialistischen Errungenschaften der Werktätigen«.[21]

Das Netz der Sicherheitsorgane und die Militarisierung der Gesellschaft

Während die Nationale Volksarmee (NVA) vorrangig Aufgaben für den äußeren Ernstfall wahrnahm, sah die SED für die Niederschlagung innerer Unruhen primär andere Sicherheitsorgane vor. Neben dem MfS war die Deutsche Volkspolizei mit etwa 80 000 Beschäftigten in das flächendeckende Netz der Überwachung der Bevölkerung sowie der Verfolgung politisch Anders-

21 Vgl. Statut des Nationalen Verteidigungsrates der Deutschen Demokratischen Republik von 1981, in: Schroeder (Anm. 12), S. 454.

denkender einbezogen. Die SED konnte sich außerdem auf weitere Sympathisanten stützen: die »freiwilligen Helfer der Grenztruppen«, die Arbeiter-und-Bauern-Inspektionen, die Arbeiterkontrolleure des FDGB, die Kontrollposten der FDJ und vor allem die etwa 175 000 »freiwilligen Helfer der Volkspolizei«.

Mit der im Frühjahr 1953 begonnenen Aufstellung von »Kampfgruppen der Arbeiterklasse« in allen großen Betrieben und Verwaltungen schuf die SED-Führung zusätzliche bewaffnete Formationen, denen Ende der achtziger Jahre über 200 000 Werktätige angehörten und die im Fall eines Bürgerkriegs gegen Aufständische und im Krieg zur »Heimatverteidigung« eingesetzt werden sollten. Auch die zusätzliche Rente von beachtlichen 100 Mark monatlich war Motivation für die langjährigen »Kämpfer der Arbeiterklasse«. Insgesamt waren etwa 750 000 Personen haupt- oder nebenberuflich in das Netz der so genannten Sicherheitsorgane eingebunden.

Nach sowjetischem Vorbild wurde die gesamte Gesellschaft militarisiert. Für die SED-Führung war die Wehrerziehung von Kindesbeinen an unverzichtbarer Bestandteil einer »sozialistischen Persönlichkeit«. Bereits im Kindergarten setzte durch den Besuch von Kasernen und Patenschaften mit Einrichtungen der NVA die vormilitärische Erziehung ein. Kriegsspielzeug war in Kindergärten zahlreich vorhanden. In Absprache mit der Pionierorganisation und der FDJ führte die Gesellschaft für Sport und Technik (GST) junge Menschen in das militärische Denken und Handeln ein. Männliche Schüler wurden bedrängt, sich über die obligatorische Zeit hinaus bei der NVA zu verpflichten. Wer dies tat, konnte trotz schwacher Schulleistungen mit einem Studienplatz rechnen.

5. Zaghafte Entstalinisierung

Als Reaktion auf die Ratifizierung der »Pariser Verträge« und den im Mai 1955 erfolgten Eintritt der Bundesrepublik in die NATO integrierte die Sowjetunion die DDR in den »Warschauer Vertrag über Freundschaft, Zusammenarbeit und gegenseitigen Beistand« und damit in das sowjetische Imperium. Stalins Nachfolger Chruschtschow verkündete im Juli 1955 erstmals die neue sowjetische »Zwei-Staaten-Doktrin«. Hiernach wäre eine zukünftige Wiedervereinigung zwar Angelegenheit der Deutschen, aber aus sowjetischer Sicht nur unter Wahrung der »sozialistischen Errungenschaften« der DDR möglich. Damit unterstützte erstmals auch die Sowjetunion offen die Vorstellungen der SED-Führung, der zufolge ein vereintes Deutschland nur unter sozialistischen Vorzeichen denkbar sei. Im September des gleichen Jahres wurde schließlich der »Vertrag über die gegenseitigen Beziehungen zwischen der DDR und der Sowjetunion« geschlossen, mit dem die DDR vermeintlich die »volle Souveränität« erhielt. Tatsächlich aber war die sowjetische Seite, namentlich der sowjetische Botschafter in Ost-Berlin, weiterhin die oberste Instanz in der DDR; die sowjetischen Truppen blieben im Land und sicherten die Macht der Sowjetunion und der SED. Die Vier-Mächte-Verantwortung für Deutschland insgesamt blieb durch die Verträge unberührt.

Im Jahre 1956 wurde die paramilitärische Kasernierte Volkspolizei auch formell in eine reguläre Armee auf »Freiwilligenbasis« mit einer Stärke von vorerst 120 000 Mann umstrukturiert und nannte sich fortan »Nationale Volksarmee« (NVA). Sie war aber keine wirklich eigenständige Armee, denn sie wurde nach sowjetischen Bedürfnissen strukturiert, bewaffnet und ausgebildet.

5.1 Abrechnung mit Stalin

Auf dem XX. Parteitag der KPdSU rechnete Chruschtschow mit seinem Vorgänger Stalin ab. In seiner vierstündigen Rede hieß es u. a.: »Stalin hielt sich nicht damit auf, die Menschen zu überzeugen, aufzuklären und geduldig mit ihnen zusammenzuarbeiten, sondern er zwang anderen seine Ansichten auf und verlangte absolute Unterwerfung unter seine Meinung. Wer sich seiner Konzeption widersetzte oder einen eigenen Standpunkt zu vertreten, die Korrektheit der eigenen Position zu beweisen suchte, wurde unweigerlich aus dem Führungskollektiv ausgestoßen und anschließend sowohl moralisch als auch physisch vernichtet.«[22]

Chruschtschow, zuvor ein Gefolgsmann Stalins, bezeichnete Stalin als einen größenwahnsinnigen und krankhaft misstrauischen Despoten, der Massenmord und die Ausrottung ganzer Völker angeordnet habe. Schließlich trage er wegen der Ermordung der militärischen Führung der Roten Armee die Verantwortung für die mangelhafte Vorbereitung des sowjetischen Militärs auf den Einmarsch der Deutschen Wehrmacht im Juni 1941.

Dank der Fokussierung Chruschtschows auf Person und Charaktereigenschaften Stalins blieben die eigentlichen Mechanismen des totalitär-gewaltsamen kommunistischen Herrschaftsapparates außerhalb des Blickwinkels; eine Auseinandersetzung mit den Strukturen und Inhalten des keineswegs allein von Stalin zu verantwortenden Gesellschaftssystems sollte vermieden werden.

Der öffentliche Vorwurf exzessiven Machtmissbrauchs durch Stalin erschütterte nicht nur die versammelten sowjetischen Kommunisten, sondern auch die anwesende SED-Delegation, die bestrebt war, ein Übergreifen der

22 Zit. nach: Reinhard Crusius / Manfred Wilke (Hrsg.), *Entstalinisierung. Der XX. Parteitag der KPdSU und seine Folgen*, Frankfurt a. M. 1977, S. 487 f.

Kritik auf die DDR zu verhindern, da dies auch ihr eigenes Verhalten und ihre eigene Position hätte in Frage stellen können. Chruschtschows Rede wurde folgerichtig in der DDR erst nach dem Fall der Mauer veröffentlicht.

Walter Ulbricht verpflichtete die engere Parteiführung darauf, keine »rückwärts gewandte Fehlerdiskussion« in der DDR zuzulassen. Stalin solle stillschweigend nicht mehr zu den Klassikern des Marxismus gerechnet werden. Gleichwohl ließ sich die Partei einige Jahre Zeit, um Stalin aus dem öffentlichen Raum der DDR zu entfernen. Erst 1961 benannte die SED die Ost-Berliner Paradestraße »Stalinallee« in »Karl-Marx-Allee« und »Frankfurter Allee« um.

Als ein Beitrag der SED-Führung zur »Entstalinisierung« kann die politische Rehabilitierung ehemaliger Parteiführer, die Begnadigung von 11 000 Personen und die Entlassung von rund 21 000 Häftlingen verstanden werden.

5.2 Reaktionen in der DDR auf den ungarischen Volksaufstand

Nach Versorgungskrisen kam es in der polnischen Industriestadt Poznan (Posen) im Frühsommer 1956 zu einem Arbeiteraufstand, der blutig niedergeschlagen wurde. Die kommunistische Partei Polens (PVAP) wählte daraufhin ohne Einverständnis der sowjetischen Führung Gomulka, der mehrere Jahre in polnischen Gefängnissen verbracht hatte, zu ihrem Ersten Sekretär.

Nachdem sich Ende Oktober viele Ungarn gegen die kommunistische Diktatur in ihrem Land und gegen die Sowjetunion erhoben, war binnen weniger Tage die Macht der kommunistischen Partei gebrochen. Reformkommunistische Kräfte um den zuvor kalt gestellten Imre Nagy übernahmen die politische Führung, Nagy wurde Ministerpräsident. Er forderte die parlamentarische Demokratie und die Neutralität Ungarns. Doch die Sowjetunion duldete den reformkommunistischen Kurs nicht und schlug den Volksaufstand mit brutaler militärischer Gewalt nieder. Der Preis dafür war hoch: Mehrere tausend Menschen kamen ums Leben, mehrere zehntausend wurden verletzt. Nagy wurde nach einem Geheimprozess hingerichtet. Ausdrücklich lehnte er das von ihm geforderte Schuldeingeständnis ab. Sein letzter Satz lautete: »Ich bitte nicht um Gnade.«[23] Den Leichnam ließ die neue Führung verscharren. Als Reaktion flohen etwa 200 000 Ungarn ins Ausland.

Vgl. Dokument 12, S. 156

Walter Ulbricht nutzte die Volkserhebungen in Polen und Ungarn und ihre brutale Niederschlagung erneut geschickt zur Ausschaltung innerparteilicher Konkurrenten. Die Partei hatte ihre Lektion aus den Erfahrungen des Juni 1953 gelernt: Proteste und Unruhen sollten fortan im Keime erstickt werden, Opposition durfte es im Sozialismus nicht geben.

Einer auf Entstalinisierung und innerparteiliche Diskussion setzenden Gruppe intellektueller Kommunisten um Harich und Janka begegnete die SED-Führung mit entschiedener Härte. Zur Verhinderung möglicher Unruhen im Kultur- und Wissenschaftsbereich verhängte die von der SED gesteuerte Justiz nicht nur gegen prominente Angeklagte hohe Strafen, sondern verfolgte auch weniger bekannte Andersdenkende und Abweichler mit großer Entschlossenheit.

Der überzeugte Marxist-Leninist Wolfgang Harich, der ein Papier verfasst hatte, in dem er die Abkehr vom bisherigen Dogmatismus und einen besonderen Weg zum Sozialismus forderte, ohne aber am Machtmonopol der Kommunistischen Partei zu rütteln, wurde zu einer mehr-

23 Vgl. *Süddeutsche Zeitung* vom 16. Juni 2008, S. 11.

jährigen Freiheitsstrafe verurteilt. Als Teil der Inszenierung und Zelebrierung des Rituals kommunistischer »Parteisäuberung« übte er »Selbstkritik«: »[...] Ich möchte einen Dank abstatten, und zwar an die Staatssicherheit der DDR [...] und ich habe da die Feststellung gemacht, sie sind sehr korrekt und anständig [...]. Ich war nämlich nicht mehr aufzuhalten [...] Ich war ein politisch durchgebranntes Pferd, das mit Zurufen nicht mehr aufzuhalten war [...]. Wenn man mich nicht festgenommen hätte, dann wäre ich heute nicht reif für die zehn Jahre, die der Herr Generalstaatsanwalt beantragt hat, sondern für den Galgen und deshalb sage ich der Staatssicherheit dafür, für deren Wachsamkeit, meinen Dank.«[24]

Die Verfolgung widerspenstiger Studenten und Wissenschaftler setzte sich bis 1958 fort. Die Methoden der Abschreckung reichten von Zwangsrelegationen über Absetzungen bis hin zu Inhaftierungen und Verhängung hoher Zuchthausstrafen. Der marxistische Philosoph Ernst Bloch, der mit der Existenz der DDR die Hoffnung auf eine sozialistische Gesellschaft im Marxschen Sinne verband, wurde 1957 zwangsweise emeritiert und damit von der Universität Leipzig entfernt. Nach dem Bau der Mauer blieb er endgültig in der Bundesrepublik.

Walter Ulbricht beobachtete das Verhalten der MfS-Spitze stets mit äußerstem Argwohn, da er in ihr potenzielle Konkurrenten witterte. Der Nachfolger Zaissers, Ernst Wollweber, geriet wie sein Vorgänger in Konflikt mit Ulbricht und wurde unter dem Vorwurf der »Fraktionsbildung« entmachtet und aus dem ZK ausgeschlossen. Ihm folgte Erich Mielke, der dieses Amt mit unerbittlicher Härte bis zum Ende der Honecker-Ära ausübte.

Disziplinierung und »Säuberung« der SED gingen jedoch wie nach 1953 über Veränderungen in der Parteispit-

24 Zit. nach: Walter Janka, *Schwierigkeiten mit der Wahrheit*, Berlin [u.a.] 1990, S. 337 f.

ze hinaus. Bei den »Parteiwahlen« 1957 kamen mehr als 60 % der 1952 bestimmten Mitglieder der SED-Bezirksleitungen nicht mehr in ihre Ämter, auch im ZK betrug der Prozentsatz nicht Wiedergewählter über 30 %. Zur weiteren Abschreckung wechselte die Parteiführung vor allem auf der Kreisebene 71 % ihrer Sekretäre aus und entfernte einige kritische Mitglieder aus ihren Reihen. Unter den neugewählten Leitungen wie auch den neuen Mitgliedern stieg der Anteil ehemaliger NSDAP-Mitglieder in den Jahren nach dem Volksaufstand an.

Veränderungen des politischen Strafrechts Ende 1957 ermöglichten eine schnellere und umfassendere systematische und differenzierte Verfolgung und Aburteilung Andersdenkender. Durch die Einführung der »bedingten Verurteilung« bzw. des »öffentlichen Tadels« gab es jetzt die Möglichkeit, je nach dem Grad der »Gesellschaftsgefährlichkeit« differenziert und nach dem »Erziehungsprinzip« vorzugehen. Besondere Bedeutung in späteren Prozessen erfuhren die Tatbestände der »staatsgefährdenden Propaganda und Verleumdung«, der »Staatsverleumdung« sowie des »Verleitens zum Verlassen der DDR«. Unter dem Motto »Der Hetzer von heute ist der Terrorist von morgen« konnte abgeurteilt werden, »wer einen Bürger wegen seiner staatlichen oder gesellschaftlichen Tätigkeit oder Zugehörigkeit zu einer staatlichen Einrichtung oder gesellschaftlichen Organisation öffentlich verleumdet oder verächtlich macht«.[25] Mit dieser Bestimmung wollte sich die Parteiführung vor öffentlicher Kritik schützen.

Vor allem die strafrechtliche Ahndung des Versuchs oder der Beihilfe zum Verlassen der DDR sollte bis zum Fall der Mauer für Zehntausende zu einem lebensbestimmenden Schicksal werden. Für Walter Ulbricht war die Sache ganz einfach: »Jede Flucht oder Übersiedlung nach

25 Zit. nach: Fritz Mühlberger, »Sozialistische Gesetzlichkeit im Srafverfahren«, in: *Neue Justiz*, Nr. 13/1956, S. 387 f.

Westdeutschland bedeutet eine Hilfe für die westdeutsche Militärbasis der NATO mit Arbeitskräften und einen Verlust von Arbeitskräften in der DDR. Eine Republikflucht ist Verrat an den friedlichen Interessen des Volkes und nützt Westdeutschland.«[26]

Mit der Bildung des Staatsrates und des Nationalen Verteidigungsrates sowie mit dem Beschluss des Politbüros, der Ministerrat habe alle Beschlüsse des Politbüros unverändert umzusetzen, fand die Formierung und Ausrichtung des Staates auf die SED und ihre Strukturen einen vorläufigen Abschluss. Walter Ulbricht wurde Staatsratsvorsitzender und übernahm gleichzeitig den Vorsitz im Nationalen Verteidigungsrat.

Auf dem V. Parteitag im Juli 1958 überraschte Walter Ulbricht die Partei und die Öffentlichkeit in Ost und West mit einem propagandistischen Paukenschlag: »Die Volkswirtschaft der DDR ist innerhalb weniger Jahre so zu entwickeln, dass die Überlegenheit der sozialistischen Gesellschaftsordnung [...] gegenüber der Herrschaft der imperialistischen Kräfte im Bonner Staat eindeutig bewiesen wird und infolge dessen der Pro-Kopf-Verbrauch unserer werktätigen Bevölkerung mit allen wichtigen Lebensmitteln und Konsumgütern den Pro-Kopf-Verbrauch der Gesamtbevölkerung in Westdeutschland erreicht und übertrifft.«[27]

Während in der Bundesrepublik seit Ende der fünfziger Jahre der Wohlstand zunehmend breite Schichten der Bevölkerung erreichte, beendete die DDR gerade erst die Abschaffung rationierter Lebensmittelzuweisungen. Ihr Produktivitätsabstand zur Bundesrepublik lag bei etwa 50 %, so dass der Fehlschlag des Ulbrichtschen Vorha-

26 Zit. nach: Walter Ulbricht, »Grundfragen der ökonomischen und politischen Entwicklung in der Deutschen Demokratischen Republik«, in: *Neues Deutschland*, 20. Oktober 1957.

27 Zit. nach: *Protokoll der Verhandlungen des V. Parteitages der Sozialistischen Einheitspartei Deutschlands, 10.–16. Juli 1958 in Berlin*, Bd. 1, Berlin 1959, S. 68.

bens programmiert war. Sollte der Parteichef geglaubt haben, mit seiner Ankündigung die Fluchtwelle begrenzen oder die werktätige Bevölkerung zu einem höheren Arbeitseinsatz motivieren zu können? Beides war nicht der Fall. Weiterhin flohen Hunderttausende in die Bundesrepublik; die Arbeitsproduktivität konnte nicht durch einen intensiveren Arbeitseinsatz erhöht werden. Kontraproduktiv wirkte auch die im Oktober 1957 verfügte »zweite Währungsreform«, durch die die SED den vorhandenen Geldüberhang zur Stabilisierung von Wirtschaft und Währung abschöpfen wollte. Bargeldbestände wurden nur bis zu einem Betrag von 300 Mark in neue Noten umgetauscht.

5.3 Die Kollektivierung der Landwirtschaft

Da die seit Anfang der fünfziger Jahre angestrebte Kollektivierung der Landwirtschaft, zumal nach dem Volksaufstand vom Juni 1953, nur schleppend verlief, entschloss sich die Parteiführung ab Ende 1959, den Kampf um den »Übergang zur genossenschaftlichen Produktionsweise« in der Landwirtschaft, wie die Kollektivierungen in der SED-Sprache beschönigend hießen, mit härteren Bandagen wieder aufzunehmen. Unter Einsatz aller Mittel erzwang die SED die Liquidierung der selbständigen Bauernschaft, die in ihrer Mehrheit freiwillig oder nur durch materielle Anreize vermutlich nicht zum Eintritt in die LPG zu bewegen gewesen wäre. Die Kollektivierungen wurden nicht selten mit Drohungen und Nötigungen erreicht, auch Volkspolizei, MfS und Justiz trugen ihren Teil hierzu bei. Der Anteil des »sozialistischen Sektors« (Staat und Genossenschaften) an der gesamten landwirtschaftlichen Bruttoproduktion erhöhte sich bis 1961 auf knapp 90 %. Als Folge verließen viele Bauern das Land. Der schnelle erzwungene Übergang brachte erhebliche Produktionsprobleme mit sich, die erst Jahre später bereinigt werden konnten.

Parallel dazu drängte die SED – allerdings mit bescheidenem Erfolg – auf eine verstärkte Kollektivierung des Handwerks durch Bildung von Produktionsgenossenschaften (PGH). Der Anteil genossenschaftlicher Handwerksbetriebe am Gesamtumsatz des Handwerks stieg bis Ende des Jahres 1960 nur auf knapp 30 %, die Zahl der Beschäftigten auf fast 150 000 gegenüber etwas über 430 000 Beschäftigten in privaten Handwerksbetrieben.

In Industrie und Einzelhandel nahm der private Anteil ebenfalls ab. Er lag im Einzelhandel 1960 bei unter 10 %, in der Industrie bei nur noch knapp 4 %. Diese Reduzierung des privaten Eigentums gelang durch die ab 1956 erfolgte Einführung einer neuen Unternehmensform, des »halbstaatlichen Betriebs«. Während der ehemalige Besitzer in dieser Unternehmensform Geschäftsführer wurde, erlangte der Staat den Status eines Kapitalgebers. Durch die Benachteiligung bei der Vergabe langfristiger Kredite wurden diese Betriebe zur Erhöhung der ursprünglich 50 %igen Staatseinlage gezwungen. Ihr Anteil an der industriellen Warenproduktion stieg bis 1971 auf rund 10 % an, gleichzeitig sank der Anteil privater Betriebe auf 1,3 %.

Ethik und Moral im SED-Staat – der neue Mensch

Auf der Basis ihrer marxistisch-leninistischen Ideologie entwickelte die SED Prinzipien einer sozialistischen Moral und Ethik als expliziten Bruch mit den ethisch-philosophischen Traditionen der bürgerlichen Gesellschaft und Wissenschaft. Nur der Marxismus-Leninismus könne aus den objektiven Bedingungen des materiellen gesellschaftlichen Lebens Werte, Normen, Prinzipien und Kategorien der Moral bestimmen.

Um die sozialistische Moral für das alltägliche Leben handhabbar zu machen, entwarf Walter Ulbricht 1958 zehn »Gebote der neuen sozialistischen Sittlichkeit«, die konkrete Verhaltensvorschriften enthielten. Im Vordergrund standen die internationale Solidarität der Arbeiterklasse und die Liebe zum sozialistischen Vaterland.

Vgl. Dokument 13, S. 158

Die Einordnung des Individuums in die Gesellschaft erfolgte über Kollektive. Kollektives Denken und Verhalten sollte die Individualität zurückdrängen. Noch kurz vor dem Ende ihres Staates beschworen SED-Ideologen die Erfolge des sozialistischen Staates bei der Sozialisation des »neuen Menschen« mit den Worten: »Der Sozialismus bringt massenhaft allseitig gebildete, hoch befähigte, talentierte Persönlichkeiten hervor.«

Vgl. Dokument 33, S. 198

Vergleichbar mit religiösen Ansprüchen verfolgte die SED durch fortdauernde ideologische Indoktrination die Umerziehung zum »neuen Menschen«. Dies misslang zwar bei den meisten, aber die Langzeitfolgen dieses Prozesses lassen sich pauschal schwer abschätzen.

Vgl. Dokument 32, S. 196

Walter Ulbricht und seine Mitstreiter im engeren Führungszirkel der SED wähnten sich ein Jahrzehnt nach Gründung der DDR im Besitz eines konsolidierten Staates, einer weitgehend sozialistischen Gesellschaftsordnung und einer halbwegs zufriedengestellten Bevölkerung. Doch diese Annahme stellte sich schon bald als trügerisch heraus. Die SED hatte mit ihrer radikalen Gesellschaftsveränderung, vor allem aber mit der »Kollektivierung« auf dem Lande, ihr Konto überzogen. Knapp zwei Jahre später stürzte die Partei in eine Krise, von der sie glaubte, sie sei nur noch mit Hilfe von Beton und Stacheldraht sowie durch systematischen »Schusswaffengebrauch« zu lösen.

6. Der Bau der Berliner Mauer und die Abriegelung der innerdeutschen Grenze

1958 ging Walter Ulbricht auch außenpolitisch in die Offensive, indem er in einer Rede behauptete, das 1945 von den vier Mächten gemeinsam besetzte Berlin sei stets »Bestandteil der sowjetischen Besatzungszone« gewesen. Da die alliierte Kommandantur niemals die oberste Gewalt innegehabt habe, gehöre ganz Berlin zum »Hoheitsbereich der Deutschen Demokratischen Republik«.[28] Mit dieser Aussage läutete Ulbricht eine neue Runde der Eskalation in und um Berlin ein, denn von nun an liefen die Bestrebungen der SED nach einer endgültigen Lösung des »West-Berlin-Problems« über die Zwischenstation einer entmilitarisierten »freien Stadt« auf die Einverleibung der Westsektoren Berlins in die DDR hinaus.

Den Vorstoß der SED transponierte die Sowjetunion in die Weltpolitik und verkündete den Westmächten Ende November 1958, dass sie das Londoner Protokoll vom September 1944 und die darauffolgenden Abkommen »als nicht mehr in Kraft befindlich« ansehe. Sollte die Statusänderung Berlins nicht innerhalb von sechs Monaten erfolgen, würde die Sowjetunion ein Separatabkommen mit der DDR bezüglich deren Souveränität über ihr Gebiet »zu Wasser, zu Lande und in der Luft« abschließen.[29]

Auf Druck von Bundeskanzler Konrad Adenauer wiesen die USA das Ultimatum Chruschtschows zurück. Der im November 1960 gewählte US-Präsident John F. Kennedy präzisierte die amerikanische Position zu Berlin im

28 Zit. nach: Gerhard Wettig, *Das Vier-Mächte-Abkommen in der Bewährungsprobe*, Berlin 1981, S. 37.

29 Zit. nach: *Dokumente zur Berlin-Frage 1944–1966*, Schriften des Forschungsinstituts der Deutschen Gesellschaft für auswärtige Politik e. V., Bonn (Reihe *Internationale Wirtschaft*, Bd. 52/1), München ^{4}1987, S. 301 ff.

Rahmen seiner Globalpolitik zur Erhaltung eines strategischen Status quo. Die NATO übernahm im Mai 1961 die »three essentials« bezüglich der geteilten Stadt: »[...] 1. die Freiheit der Bevölkerung West-Berlins, ihr eigenes politisches System zu wählen; 2. die Anwesenheit westlicher Truppen, solange sie von der Bevölkerung gewünscht und benötigt werden; 3. den ungehinderten Zugang zur Stadt vom Westen auf der durch sowjetzonale Gebiete führenden Autobahn sowie auf den Luft- und Wasserwegen.«[30] Die Freiheitsgarantien der Westmächte galten demzufolge nur noch für den Westteil der Stadt; die Bewegungsfreiheit zwischen den Sektoren stellte keinen essentiellen Bestandteil des Status quo mehr dar. Damit betrachteten Amerikaner und NATO die deutsche (und Berliner) Teilung als gegeben. Als schließlich Kennedy Chruschtschow Anfang Juni 1961 in Wien signalisierte, die USA würden sich nicht einmischen, wenn die Sowjetunion in ihrer Interessensphäre Maßnahmen durchführe, waren international die Weichen für eine Lösung des Berlin-Problems gestellt.

6.1 Wirtschaftliche Probleme und wachsende Unzufriedenheit

Ulbricht forderte wegen der desolaten wirtschaftlichen Lage, die DDR gegenüber der Bundesrepublik abzuriegeln. In zwei erst nach dem Ende der DDR bekannt gewordenen Briefen an Chruschtschow räumte er ein, dass die optimistischen Erwartungen des Jahres 1958 nicht erfüllt würden und der Sieben-Jahres-Plan nach unten korrigiert werden müsste. Auch die kurzfristige Verschuldung bei kapitalistischen Ländern in Höhe von 550 Mio. Valuta-Mark als Kompensation binnenwirtschaftlicher Probleme

30 Zit. nach: Udo Wetzlaugh, *Berlin und die Deutsche Frage*, Berlin 1985, S. 165.

konnte nicht mehr zur Stabilisierung beitragen. Im Gegenteil: Die SED gestand eine zeitweise Zahlungsunfähigkeit der DDR im Jahre 1960 ein. Weitere Ursachen seien die hohe Abhängigkeit der DDR von der sozialistischen Wirtschaftsgemeinschaft und vor allem die anhaltende Fluchtbewegung. »Einfach gesagt heißt das, die offenen Grenzen zwangen uns, den Lebensstandard schneller zu erhöhen, als es unseren volkswirtschaftlichen Kräften entsprach.«[31]

Die DDR-Wirtschaft litt zudem, was in den Briefen nicht stand, unter den weiterhin hohen Kosten für die Machtsicherung, für die Apparate von Parteien und Massenorganisationen sowie für die Subventionierung der volkseigenen Wirtschaft. Der Anteil dieser »unproduktiven Ausgaben« lag 1959/60 bei etwa 30 %. Wie in verschiedenen Stimmungsberichten von SED und MfS nachzulesen ist, stieg die Unzufriedenheit mit der Lebenssituation und der SED-Politik seit 1960 stetig an.[32]

Die Berichte über die allgemeine Unzufriedenheit, über den Anstieg der Flüchtlingszahlen mit hohen Anteilen an Werktätigen und Jugendlichen sowie über vielerorts zu hörende Rufe nach freien Wahlen weckten bei der SED-Führung das tief sitzende Trauma eines neuen 17. Juni.

Im Juni 1961 beruhigte der stellvertretende sowjetische Ministerpräsident Mikojan die SED-Führung, als er bei einem Gespräch die Bedeutung des Überlebens der DDR für die Sowjetunion hervorhob: »Die DDR ist ein solcher Staat, sie ist der westliche Vorposten des sozialistischen Lagers [...]. In der DDR hat sich unsere Weltanschauung, unsere marxistisch-leninistische Theorie beweisen müssen [...]. Die DDR, Deutschland, ist das Land, in dem sich ent-

31 Zit. nach: André Steiner, »Politische Vorstellungen und ökonomische Probleme im Vorfeld der Errichtung der Berliner Mauer. Briefe Walter Ulbrichts an Nikita Chruschtschow«, in: Hartmut Mehringer, *Von der SBZ zur DDR*, München 1995, S. 263.

32 Vgl. Armin Mitter / Stefan Wolle, *Untergang auf Raten. Unbekannte Kapitel der DDR-Geschichte*, München 1993, S. 297 ff.

scheiden muss, dass der Marxismus-Leninismus richtig ist, dass der Kommunismus auch für die Industriestaaten die höhere, bessere Gesellschaftsordnung ist. Und weil das so ist, ist die Bewahrung des Sozialismus in Deutschland nicht nur Eure Sache allein [...]. Und gegenüber Westdeutschland können und dürfen wir uns einen Bankrott nicht leisten. Wenn der Sozialismus in der DDR nicht siegt, wenn der Kommunismus sich hier nicht als überlegen und lebensfähig erweist, dann haben wir nicht gesiegt.«[33]

Erst auf der nächsten Sitzung der Warschauer-Pakt-Staaten Anfang August hatte Ulbricht mit seinem Drängen Erfolg. Der drohende wirtschaftliche Zusammenbruch veranlasste die sowjetische Führung zum Handeln. Einige Tage vorher hatten Chruschtschow und Ulbricht die Lage telefonisch erörtert und der sowjetische KP-Chef sein Einverständnis zum Bau der Mauer gegeben.[34]

6.2 Die Einbetonierung der DDR

Schon vor der Einwilligung Moskaus entwickelte die SED-Führung konkrete Planungen für die Abriegelung der innerdeutschen Grenze und den Bau einer Mauer in Berlin. Unter Leitung des ZK-Sekretärs für Sicherheitsfragen, Erich Honecker, liefen die konkreten Vorbereitungen unter großer Geheimhaltung, in die nur der engste Führungszirkel der SED eingeweiht war.

Am 12. August 1961 unterzeichnete Walter Ulbricht um etwa 16.00 Uhr die Befehle zum Bau der Mauer. Als »X-Zeit« legte er den 13. August, 1.00 Uhr, fest. Um 1.11 Uhr meldete die Ost-Berliner Nachrichtenagentur ADN,

33 Zit. nach: Michael Lemke, *Die Berlin-Krise 1958-1993. Interessen und Handlungsspielräume der SED im Ost-West-Konflikt*, Berlin 1995, S. 160 f.

34 Vgl. www.welt.de/politik/article3828831/Das-Gespraech-zwischen-Ulbricht-und-Chruschtschow.html (Zugriff am 17. 11. 2009).

die DDR ergreife Maßnahmen, um »eine zuverlässige Bewachung und eine wirksame Kontrolle« der Grenze zu den Westsektoren von Groß-Berlin zu ermöglichen. SED-Kampftruppen, Volkspolizei sowie Einheiten der Nationalen Volksarmee begannen zu diesem Zeitpunkt, die Sektorengrenze zwischen Ost- und West-Berlin hermetisch abzuriegeln. Der SED war es tatsächlich gelungen, die Operation geheim zu halten und die westliche Öffentlichkeit zu überraschen. Als Ablenkungsmanöver hatte Ulbricht auf einer Pressekonferenz im Juni 1961 auf eine entsprechende Frage noch erklärt: »Niemand hat die Absicht, eine Mauer zu errichten.«[35]

Eine offizielle Verlautbarung rechtfertigte den Bau der Mauer als Akt der »Friedenssicherung«. Ihre Maßnahme erklärte die SED-Führung gleichsam als einen Akt der Notwehr und bezeichnete die Mauer als einen »antifaschistischen Schutzwall«. Der Bundesrepublik warf sie vor, eine systematische Bürgerkriegsvorbereitung gegenüber der DDR zu betreiben.

Die Westmächte reagierten gelassen. Insgeheim versprachen sie sich wohl von der Zementierung der deutschen Teilung mehr Stabilität in Europa und die westdeutsche Anerkennung des nach dem Zweiten Weltkrieg entstandenen Status quo. Fassungslos mussten die Bewohner beider deutscher Staaten mit ansehen, wie die SED mit menschenverachtender Konsequenz das politisch geteilte Land erneut spaltete, indem sie menschliche Beziehungen zerschnitt. Die grenznahen Regionen in der DDR wurden unmittelbar nach dem 13. August künstlich verödet, die dort lebenden Menschen zwangsumgesiedelt.

Proteste gegen den Bau der Mauer hielten sich nicht zuletzt deshalb in Grenzen, weil SED und FDJ öffentlich dazu aufriefen, Kritiker des Mauerbaus zu verprügeln und zu

35 Zit. nach: Rolf Steininger, *Der Mauerbau. Die Westmächte und Adenauer in der Berlin-Krise* 1958–1963, München 2001, S. 244.

verhaften. Bis zum 4. September 1961 inhaftierten die Sicherheitsorgane über 3000 Personen wegen »staatsfeindlicher Hetze« oder »Staatsverleumdung«.

Der sozialdemokratische Berliner Regierende Bürgermeister Willy Brandt, der den Bau der Mauer als Eingeständnis des Scheiterns des kommunistischen Regimes wertete, forderte die Angehörigen der Nationalen Volksarmee und der Volkspolizei auf, von der Schusswaffe keinen Gebrauch zu machen.

Vgl. Dokument 14, S. 159

Doch die SED-Führung sah keinen Grund, vom Schusswaffengebrauch an der innerdeutschen Grenze abzusehen, sondern präzisierte ihn in einer Lagebesprechung des für den Mauerbau verantwortlichen »zentralen Stabes« am 20. September 1961. Angesichts der von Militärs und Polizei geschilderten »Grenzdurchbrüche« konstatierte der ZK-Sekretär für Sicherheit Erich Honecker: »Gegen Verräter und Grenzverletzer ist die Schusswaffe anzuwenden. Es sind solche Maßnahmen zu treffen, dass die Verbrecher in der 100-Meter-Sperrzone gestellt werden können, Beobachtungs- und Schussfeld ist in der Sperrzone zu schaffen.«[36] Bis zum Fall der Mauer wurde der Schusswaffengebrauch durch verschiedene Gesetze förmlich bestätigt. Die erste Tote nach dem Bau der Mauer war Ida Siekmann, die bei einem Fluchtversuch am 22. August 1961 tödlich verunglückte, und zwei Tage später wurde Günter Litfin bei einem Fluchtversuch erschossen. Die Todesschützen wurden von der Parteiführung belobigt.

Vgl. Dokument 15, S. 160

Den Bestimmungen zufolge hatte jeder einzelne Grenzsoldat selbst zu entscheiden, ob er für die »zu erreichenden Zwecke« – Grenzdurchbrüche zu verhindern – auf Flüchtlinge schoss oder nicht. Insofern verlagerte diese »Kann-

36 Zit. nach: Werner Filmer / Heribert Schwan, *Opfer der Mauer. Die geheimen Protokolle des Todes*, München 1991, S. 379.

Bestimmung« die Verantwortung für tödliche Schüsse von der politischen Ebene auf die Angehörigen der Grenztruppen. Aufgrund der vorgenommenen Belobigungen von Grenzsoldaten, die von ihrer Schusswaffe tödlichen Gebrauch gemacht hatten, mussten diese freilich annehmen, die Partei- und Staatsführung erwarte diese letzte Konsequenz.

Vgl. Dokument 20, S. 173

Nachdem wiederholt Soldaten über die innerdeutsche Grenze flüchteten, erließ das MfS eine Anordnung für eine Spezialtruppe, die unbekannt in die Grenztruppen eingeschleust wurde, um Fahnenflucht zu verhindern. Aus der Bevölkerung wurden »freiwillige Helfer der Grenzpolizei« angeworben, die durch Denunziation Fluchtversuche möglichst schon im Vorfeld unterbinden sollten.

Das Grenzregime –
ein Volk in Verwahrung

Der Bau der Mauer und die vollständige Abriegelung der DDR gegenüber der Bundesrepublik kamen nicht über Nacht, sondern setzten den Schlusspunkt hinter das von der Sowjetunion und der SED-Führung schon seit Ende der vierziger Jahre etablierte Grenzregime. Nur das geteilte Berlin blieb »offen«. Die Westsektoren Berlins wurden von den Kommunisten als »Pfahl im Fleische der DDR« empfunden.
Nachdem 1960/61 die Zahl der Flüchtlinge dramatisch angestiegen war, drängte die SED-Führung – letztlich erfolgreich – die Sowjetunion, das wirtschaftliche und personelle »Ausbluten« der DDR zu beenden. In der Nacht des 13. August 1961 ließ die Parteiführung gemäß minutiöser Pläne die Berliner

Sektorengrenze abriegeln und begann einige Tage später mit dem Bau der Mauer. Der Ring um West-Berlin hatte eine Gesamtlänge von 155 km, die innerdeutsche Grenze war knapp 1400 km lang.
Um die Grenze »zu sichern«, erließ die SED-Führung einen Schießbefehl und verlegte (außer in Berlin) Erdminen und Selbstschussanlagen, baute Kfz-Sperren, Beobachtungstürme, Grenzsignalzäune und Hinterlandmauern. Im Laufe der Jahrzehnte wurden die »Grenzsicherungsanlagen« stetig verbessert, so dass es nur etwa 40 000 Menschen (davon rund 5000 in Berlin) gelang, diesen Todesstreifen lebend zu überwinden.
Nach Schätzungen der Arbeitsgemeinschaft 13. August verloren über 1300 Menschen bei ihrem Versuch, die DDR zu verlassen, ihr Leben; in Berlin starben über 200 Personen. Tausende wurden bei ihrem Fluchtversuch zum Teil schwer verletzt, Zehntausende wegen »Republikflucht« verurteilt und ihrer sozialen Existenz beraubt. Viele Verurteilte konnten durch den »Häftlingsfreikauf« der Bundesregierung, der der DDR etwa 3,5 Mrd. D-Mark dringend benötigter Devisen einbrachte, in die Bundesrepublik übersiedeln.

Mit der Einbetonierung der DDR war vorerst ihr Überleben gesichert. Eine Garantie für den wirtschaftlichen und sozialen Aufschwung war damit – entgegen der Hoffnung vieler Systemträger – freilich nicht verbunden. Mit der Existenz der Mauer blieb die Bevölkerung der Staatspartei allerdings weitgehend ausgeliefert. Sie musste sich, ob sie wollte oder nicht, mit dem kommunistischen Regime arrangieren – zumal sich die Erinnerung an die brutale Niederschlagung des Volksaufstandes tief im Gedächtnis verankert hatte. Die SED verschärfte zudem die politische Unterdrückung: Im zweiten Halbjahr 1961 wurden über 18 000 politische Strafurteile gefällt gegenüber nur knapp 4500 im ersten Halbjahr.[37]

37 Vgl. Falco Werkentin, *Recht und Justiz im SED-Staat*, Bonn 1998, S. 51.

7. Der kurze Frühling der Hoffnungen

Im Schatten der Mauer glaubten SED-Führung, aber auch große Teile der ihr sympathisierend-kritisch verbundenen Intelligenz, eine Reform des Sozialismus durchführen zu können mit mehr Wohlstand und weniger Gängelung bei gleichzeitiger Akzeptanz der führenden Rolle der SED.

Während die Sowjetunion nach eigenem Bekunden Anfang der sechziger Jahre vom Sozialismus zum Kommunismus übergegangen war, erklärte die SED-Führung, nun habe das »neue Zeitalter des Sozialismus« begonnen. In dem auf ihrem VI. Parteitag 1963 verabschiedeten ersten (!) Parteiprogramm verkündete die SED die »klassenlose Gesellschaft« und den »neuen Menschen« als Ziele ihrer Politik. Nach dem »Sieg der sozialistischen Produktionsverhältnisse in allen Bereichen der Volkswirtschaft« sollte in den folgenden Jahren der »umfassende Aufbau des Sozialismus« in Angriff genommen werden, um danach der höheren Entwicklungsstufe, dem Kommunismus, entgegenzugehen.

Zwischen 1961 und 1965 bemühte sich die SED-Führung um eine Modernisierung des realen Sozialismus. Um guten Willen zu demonstrieren, nahm man Zwang und Repression etwas zurück, indem zum Beispiel knapp 16 000 Häftlinge vorzeitig entlassen und weniger Personen als in den Jahren zuvor wegen »politischer Delikte« verurteilt wurden. Darüber hinaus sollten bestimmte soziale Gruppen stärker in den »Aufbau des Sozialismus« eingebunden werden. Mit dem im Dezember 1961 veröffentlichten Kommuniqué »Die Frau – der Frieden und der Sozialismus« und vor allem mit dem »Jugendkommuniqué« vom September 1963 gewährte die Partei einen – begrenzten und befristeten – Spielraum zur Entfaltung individueller und sozialer Initiativen, die nicht unmittelbar parteigesteuert sein sollten. »Der Jugend Vertrauen und Verantwortung« hieß die neue Formel, mit der Jugendliche weder

»gegängelt« noch ihre Entwicklung dem Selbstlauf überlassen werden sollte. Ihre Loyalität zu Partei und Staat blieb oberstes Ziel. In der einschlägigen Stellungnahme heißt es: »Es geht nicht länger an, unbequeme Fragen von Jugendlichen als lästig oder gar als Provokation abzutun, da durch solche Praktiken Jugendliche auf den Weg der Heuchelei abgedrängt werden. Wir brauchen vielmehr den selbständigen und selbstbewußten Staatsbürger mit einem gefestigten Charakter, mit einem durch eigenes Denken und in der Auseinandersetzung mit rückständigen Auffassungen und reaktionären Ideologien errungenen sozialistischen Weltbild, das auf fortgeschrittenen wissenschaftlichen Erkenntnissen beruht.«[38]

Im Zentrum der geplanten Modernisierung stand der Versuch einer Wirtschaftsreform mit einer Dezentralisierung von Planungs- und Lenkungskompetenzen, die mehr Produktivitätspotenzial freisetzen sollte. Der Grundgedanke des Konzepts des »Neuen Ökonomischen Systems der Planung und Leitung der Volkswirtschaft« (NÖSPL) war simpel: Auf Grundlage der von der Staatlichen Plankommission vorgegebenen »Perspektivpläne« sollten die unteren Wirtschaftseinheiten, vor allem die Betriebe, größere Spielräume und Eigenverantwortlichkeit erhalten und die bisherigen stark administrativen Methoden und Praktiken der zentral geleiteten Planwirtschaft durch ein »in sich geschlossenes System ökonomischer Hebel« ersetzt werden. Von der »engen Verbindung der materiellen Interessiertheit mit der genaueren Betrachtung der ökonomischen Gesetze«[39] versprach sich die Parteiführung eine höhere Wirksamkeit der Planung sowie der staatlichen Leitung der Volkswirtschaft. Als ökonomische Hebel definierte die Wirtschaftsreform Preise, Abgaben, Zinssätze und Gewinne wie auch Prämien und neue Entlohnungsformen. Hier-

38 Zit. nach: *Dokumente der SED*, Bd. 9, Berlin 1965, S. 691 f.
39 Zit. nach: Schroeder (Anm. 12), S. 179.

durch sollte ein Netz von Anreizsystemen geschaffen und die Arbeitsproduktivität erhöht werden mit dem Ziel einer Art »sozialistischer Marktwirtschaft«.

Weil jedoch bei der Industriepreisreform, die einen gewissen Übergang von der Mengen- zu einer realistischen Preisplanung bringen sollte, die subventionierten Bereiche (zum Beispiel im Einzelhandel) unangetastet blieben, geriet die Reform schon im Ansatz halbherzig. Da zudem auch diese »neuen« Preise trotz eines größeren Spielraums der Betriebe festgelegt waren und nicht auf einem Markt als Ausdruck sich laufend verschiebender Knappheitsrelationen entstanden, schlugen die Verzerrungen im Preissystem auf die anderen »ökonomischen Hebel« zurück.

Schon 1965 nahm die Parteiführung einige wichtige Teile der Reform zurück und leitete eine Rezentralisierung ein. Gleichzeitig verliefen Verhandlungen mit der Sowjetunion über höhere Liefermengen für Erdöl und Walzstahl negativ. Durch organisatorische Änderungen erhielten der für die Wirtschaft zuständige ZK-Sekretär und die wirtschaftspolitischen Abteilungen des zentralen Parteiapparates mehr Kompetenzen. Hiermit verbunden war der Aufstieg von Günter Mittag, der bis 1989 die Hauptverantwortung für die Wirtschaftspolitik in der DDR trug.

Vgl. Dokument 16, S. 164

1965 wurden auch die zuvor gewährten Spielräume für die »Kulturschaffenden« erneut stark beschränkt, da sich zu viele Künstler und Schriftsteller nach Meinung der SED-Führung von der Parteilinie entfernt hatten. Ein deutliches Signal für die neue »Eiszeit« in der SED-Kulturpolitik lieferte das berühmt-berüchtigte XI. ZK-Plenum im Dezember 1965, auf dem Walter Ulbricht ausführte: »Einige Kulturschaffende haben die große schöpferische Freiheit, die in unserer Gesellschaftsordnung für die Schriftsteller und Künstler besteht, so verstanden, daß die Organe der Gesellschaft auf jede Leitungstätigkeit verzichten und Freiheit für Nihilismus, Halbanarchismus, Pornographie oder andere Methoden der amerikanischen Lebensweise gewähren.«[40]

Walter Ulbricht schloss auch die Beat-Musik in das kulturpolitische Verdammungsurteil ein: »Die ewige Monotonie des ›yeah, yeah, yeah‹ ist doch geistestötend und lächerlich.« Die Parteiführung sah diese Musik, die sich seit Anfang der sechziger Jahre steigender Beliebtheit bei den Jugendlichen erfreute, als eingeschleustes Mittel des Klassenfeindes an. »Dabei wurde übersehen, dass der Gegner diese Art Musik ausnutzt, um durch die Übersteigerung der Beatrhythmen Jugendliche zu Exzessen aufzuputschen. Der schädliche Einfluß solcher Musik auf das Denken und Handeln von Jugendlichen wurde grob unterschätzt.«[41]

Bis 1968 wurden alle Reformversuche abgebrochen. Die Partei war zu ihrem dogmatischen Kurs der Zeit vor dem Mauerbau zurückgekehrt. Die zählbaren Ergebnisse dieser halbherzigen Reformversuche waren gemessen am Anspruch letztlich wenig zufriedenstellend und führten bei großen Teilen der Bevölkerung zu Enttäuschung und Abkehr von den Idealen des Sozialismus. Vor allem die Tatsache, dass der Wohlstand in der Bundesrepublik weiter stetig zunahm, während er in der DDR stagnierte, ließ weite Bevölkerungsteile am realen Sozialismus und seiner Reformfähigkeit zweifeln.

7.1 Die Niederschlagung des Prager Frühlings

Was in der DDR misslang, sollte in der Tschechoslowakei gelingen. Die Führung der dortigen Kommunistischen Partei suchte nach Wegen, mittels einer Wirtschaftsreform Produktivität und Wohlstand zu erhöhen, begleitet von ei-

40 Zit. nach: Manfred Jäger, *Kultur und Politik in der DDR 1945 bis 1990*, Köln 1994, S. 120.

41 Zit. nach: Jäger (Anm. 40), S. 122.

ner gesamtgesellschaftlichen Reform. Die tschechoslowakischen Reformkommunisten unter Dubcek planten einen besonderen Weg zum Sozialismus, einen »Sozialismus mit menschlichem Antlitz«.

Innerhalb der Warschauer-Pakt-Staaten drängte die SED-Führung nachdrücklich auf eine militärische Niederschlagung des »Prager Frühlings«.[42] In den späten Abendstunden des 20. August 1968 setzten die fünf Interventionsstaaten ihre Militärmaschinerie gegen den Reformkommunismus der Tschechoslowakei in Bewegung. Die dem sowjetischen Kommando unterstellte NVA nahm zwar an der Operation teil, aber ihre Kampfverbände sicherten lediglich den Nachschub und das Hinterland; sie überschritten nicht die tschechoslowakische Grenze. Der Entschluss der sowjetischen Militärbefehlshaber, NVA-Gefechtstruppen nicht direkt einzubeziehen, war weniger eine politische als eine militärische Entscheidung. Die SED-Führung behauptete jedoch bis zum Ende der Honecker-Ära die »erfolgreiche Teilnahme« der NVA an der Seite der verbündeten Armeen.

Insbesondere junge Menschen verbanden mit dem Prager Aufbruch die Hoffnung auf eine Versöhnung von Freiheit und Sozialismus, die sie in der DDR schmerzlich vermissten. In den Wochen nach dem 21. August 1968 wurden in der DDR über 2000 »feindliche Handlungen« im Zusammenhang mit Protesten gegen den Einmarsch registriert und etwa 1200 Personen verurteilt. Die Mehrzahl der »Straftäter« waren Personen unter dreißig Jahren, dabei dominierten Arbeiter gegenüber Schülern und Studenten. An der SED-Basis regte sich nur sehr vereinzelt Widerstand. Die Statistik der in diesem Zusammenhang erfolgten Disziplinierungen verzeichnet 522 Parteistrafen, in der Mehrzahl gegen Arbeiter.

42 Vgl. Lutz Prieß [u. a.], *Die SED und der »Prager Frühling« 1968: Politik gegen einen »Sozialismus mit menschlichem Antlitz«*, Berlin 1996.

8. Von Ulbricht zu Honecker

Trotz der fehlgeschlagenen Reformen sah sich Walter Ulbricht uneingeschränkt als »erster Mann« der DDR. Zur Demonstration der Verankerung der Partei und ihrer Ziele in der Gesellschaft wurde die Verfassung überarbeitet, wobei die Bevölkerung Vorschläge einbringen durfte, die jedoch nur Berücksichtigung fanden, wenn sie der Parteilinie entsprachen. Der Entwurf wurde der Bevölkerung am 6. April 1968 zur Abstimmung vorgelegt. Diese entschied sich mit offiziell gemeldeten 94,5 % für die Annahme der Verfassung.

Die neue Verfassung hatte ebenso wie die alte jenseits der Festlegungen auf die »führende Rolle der Partei« vor allem in Fragen individueller Freiheit keinen Bezug zur Realität – es waren bloße Leerformeln, auf die man sich nicht berufen konnte, ohne in den Geruch des »Staatsfeindes« zu kommen und juristisch belangt zu werden. Wer zum Beispiel das Recht auf Gewissensfreiheit mit einer Kritik an der DDR verband, hatte das Recht auf dieses »Grundrecht« schon verwirkt.

Dagegen stellte die Realität der politischen Machtverhältnisse in der DDR einen permanenten institutionalisierten Verfassungsbruch dar. Das Politbüro der SED verletzte ständig die Verfassung, indem es die Beschlüsse der Volkskammer vorab festlegte, obwohl es in Artikel 48 hieß: »Die Volkskammer ist das oberste staatliche Organ der DDR [...]. Die Volkskammer ist das einzige verfassungs- und gesetzgebende Organ in der DDR. Niemand kann ihre Rechte einschränken.«

8.1 Wandel der deutsch-deutschen Beziehungen

Nach der Abschottung der DDR und der Verschlechterung der innerdeutschen Beziehungen bemühte sich die SED auf zwei Ebenen um eine deutschlandpolitische Offensive. Zum einen versuchte sie, Einfluss auf die innerparteiliche Willensbildung der SPD zu nehmen, und zum anderen wollte sie die offiziellen Beziehungen zu den Sozialdemokraten und auch zur Bundesregierung verbessern. Im Dezember 1962 verständigten sich DDR und Bundesrepublik auf eine erste deutsch-deutsche Vereinbarung, den »Häftlingsfreikauf«, da die DDR dringend Devisen benötigte und die Bundesregierung »politische Häftlinge« freibekommen wollte. Dieser »Menschenhandel« begann zu Weihnachten 1962 mit der Freilassung von zwanzig Häftlingen und zwanzig Kindern zum Preis von drei Eisenbahnwaggons Kali-Düngemitteln für die DDR-Landwirtschaft. Die DDR verlangte anfangs ein pauschales »Kopfgeld« von 40 000 D-Mark, das sie bis 1977 auf über 95 000 D-Mark heraufsetzte. Nach offiziellen Angaben »kaufte« die Bundesrepublik bis 1989 knapp 34 000 »politische Häftlinge« für insgesamt 3,4 Mrd. D-Mark frei. Weiterhin musste die Bundesregierung »Gebühren« für etwa 250 000 Personen entrichten, die die DDR mit einer offiziellen Ausreisegenehmigung im Rahmen von Familienzusammenführung verlassen durften.

Der Erhöhung des privaten Konsums und damit indirekt der Stützung der DDR-Wirtschaft dienten auch die Westpakete, deren Zahl sich nach dem Mauerbau auf rund 50 Mio. jährlich erhöhte. Diese Geschenksendungen kompensierten in beträchtlichem Ausmaß die Versorgungsmängel in der DDR. Nach einer SED-internen Einschätzung für das Jahr 1979 konnte hiermit zum Beispiel ein Viertel des gesamten DDR-Kaffeebedarfs gedeckt werden. Insgesamt erreichten in diesem Jahr auf

Vgl. Dokumente 30, 31, S. 191, 195

privatem Weg u. a. 16,7 Kilotonnen (kt) Röstkaffee, 18,6 kt Schokoladenerzeugnisse, 2,6 Mio. Stück Herrenoberbekleidung, 12,7 Mio. Stück Damenoberbekleidung, 3 Mio. Paar Schuhe, 1,1 Mio. Uhren, 900 000 Radios und 700 000 Taschenrechner ihre Empfänger in der DDR.[43]

Die West-Ost-Transfers, die mehrere Milliarden D-Mark betragen haben dürften, bezeichnete Erich Honecker intern als »mühelose Einkommen«. Die relative Stabilität der DDR-Wirtschaft, vor allem gegenüber den Ökonomien anderer COMECON-Staaten, verdankte sich also nicht zuletzt den milliardenschweren Transfers aus dem Westen.

Außenpolitisch versuchte die DDR, die Hallstein-Doktrin, nach der die Bundesrepublik die Beziehungen zu Staaten abbrach, die zur DDR welche aufnahmen, zu durchbrechen und der internationalen Anerkennung näherzukommen. Im Februar 1965 gelang ihr ein Durchbruch: Walter Ulbricht wurde vom ägyptischen Staatspräsidenten Nasser in Ägypten erstmals in einem Land, das nicht zur kommunistischen Welt gehörte, mit allen Ehren eines Staatsoberhauptes empfangen. Fortan verstärkte die SED ihre Bemühungen um Kontakte zu den arabischen und afrikanischen sowie zu den so genannten blockfreien Staaten. Auch sportpolitisch erzielte die DDR einen Durchbruch – sie durfte bei den olympischen Spielen des Jahres 1968 mit einer eigenen – und nicht wie bei den Olympiaden zuvor in einer gesamtdeutschen – Mannschaft antreten.

Auf deutschlandpolitische Initiativen der seit 1966 regierenden »Großen Koalition« zwischen CDU/CSU und SPD reagierte die SED-Führung mit einem strikten Abgrenzungskurs. Die Wiederherstellung der staatlichen Einheit Deutschlands bezeichnete sie als derzeit »nicht real«, da sie eine Vereinigung beider deutscher Staaten ohne vor-

43 Vgl. Klaus Schroeder, *Die veränderte Republik. Deutschland nach der Wiedervereinigung*, Stamsried 2006, S. 114 ff.

herige Umgestaltung der politischen, sozialen und ökonomischen Verhältnisse Richtung Sozialismus in der Bundesrepublik rigoros ablehnte. Walter Ulbricht griff erstmals die von SED-Verfassungsrechtlern entwickelte These von zwei Staaten in einer Nation auf: »Heute besteht die Nation im Wesentlichen aus den deutschen Staatsvölkern zweier voneinander unabhängiger deutscher Staaten [...]. Eine Einheit der deutschen Nation unter der Führung der Imperialisten ist nicht möglich.«[44]

Gesamtdeutsche Bezüge wurden, soweit möglich, auch sprachlich gestrichen. Aus der »SPD« wurde die »SP«, aus der »NPD« die »NP«; das bisherige PKW-Länderschild »D« wurde in »DDR« umgestaltet und die Radio- und Fernsehsender bekamen ebenfalls neue »DDR«-Namen. Mit einer groß angelegten Kampagne versuchte die Parteiführung, die DDR-Bevölkerung davon zu überzeugen, dass »eine Vereinigung zwischen unserem sozialistischen Vaterland und der monopolkapitalistischen Bundesrepublik unmöglich sei«.[45]

Die Abgrenzungspolitik gegenüber der Bundesrepublik fand auch Eingang in das 1967 verabschiedete Gesetz über die »Staatsbürgerschaft der DDR«, das der DDR und der Bundesrepublik unterschiedliche »Staatsvölker« und West-Berlin eine »Bevölkerung« attestierte. Alle ehemaligen Einwohner der DDR, die das Land ohne Genehmigung gen Westen verlassen hatten, blieben DDR-Staatsbürger.

Wurde die DDR in der neuen Verfassung von 1968 noch als »sozialistischer Staat deutscher Nation« bezeichnet, entwarf Walter Ulbricht bereits zwei Jahre später die Konstruktion von der DDR als »sozialistischem deutschen Nationalstaat«, in dem die »sozialistische Nation heranreife«. Bis zur Bildung der sozialliberalen Koalition unter Willy

44 Zit. nach: Jens Hacker, »SED und Nationale Frage«, in: Ilse Spittmann (Hrsg.), *Die SED in Geschichte und Gegenwart*, Köln 1987, S. 50.

45 Zit. nach: Hartmut Bögeholz, *Die Deutschen nach dem Krieg. Eine Chronik*, Reinbek 1995, S. 340.

Brandt herrschte gewissermaßen Funkstille im innerdeutschen Schlagabtausch. Das im Oktober 1969 ausgesprochene Verhandlungsangebot Willy Brandts, der von der Existenz zweier Staaten in Deutschland, den zwischen ihnen bestehenden Sonderbeziehungen und dem Fortbestehen einer deutschen Nation sprach, nahm die SED-Führung mit Misstrauen zur Kenntnis, wiewohl ein Bundeskanzler damit erstmals der DDR »Staatsqualität« attestiert hatte. Um der Umarmungsstrategie der sozialliberalen Koalition zu entgehen, polemisierte Ulbricht massiv gegen die These von der »Einheit der Nation« und rückte die Forderung nach völkerrechtlicher Anerkennung der DDR durch die Bundesrepublik in das Zentrum der innerdeutschen Auseinandersetzungen.

Die Sowjetunion, die großes Interesse an Verträgen mit der Bundesrepublik hatte, um den im Zweiten Weltkrieg erreichten territorialen Status quo zu sichern, brachte die SED-Führung wieder auf Verhandlungskurs. Im März und Mai 1970 trafen sich die beiden Regierungschefs Brandt und Stoph in Erfurt und Kassel, allerdings ohne dass Bewegung in die innerdeutschen Beziehungen kam. Stoph beharrte auf der völkerrechtlichen Anerkennung, Brandt forderte besondere innerdeutsche Beziehungen. Ausgesprochenes Missfallen bei der SED-Führung erregten die Beifallskundgebungen der Bevölkerung für Willy Brandt in Erfurt. Erneut wurden Befürchtungen wach, der reale Sozialismus in der DDR könne sozialdemokratisch unterminiert werden.

Mit dem erfolgreichen Abschluss der Verhandlungen zwischen der Bundesrepublik und der Sowjetunion im August 1970 (Vertrag zum Gewaltverzicht und zur Unverletzlichkeit der Grenzen in Europa) war der Weg für die im November beginnenden deutsch-deutschen Gespräche geebnet, die 1972/73 zum Abschluss des Grundlagenvertrages führten.

8.2 Die DDR am Ende der Ära Ulbricht

Gemessen an der Ausgangssituation und der krisenhaften Entwicklung in den fünfziger Jahren hinterließ Walter Ulbricht trotz der wirtschaftlichen Probleme inklusive weiterhin bestehender Versorgungsmängel seinem Nachfolger ein vordergründig politisch stabiles und sozial konsolidiertes Erbe. Westdeutsche Politikwissenschaftler und Zeithistoriker zeichneten den SED-Staat als eine moderne Industriegesellschaft, die zwar konträr zu den westlichen, demokratischen Industriegesellschaften stand, aber diesen prinzipiell gleichrangig war. Die DDR als hochindustrialisierte Gesellschaft sei eine Alternative zu den kapitalistischen Gesellschaften und könne nur von innen heraus angemessen verstanden werden. Der führende DDR-Forscher, Peter-Christian Ludz, behauptete 1968, die DDR habe sich von einem totalitären Ein-Parteien-Staat zu einem auf Funktionstüchtigkeit angelegten Industriestaat konsultativ-autoritativen Gepräges entwickelt. Er ging davon aus, dass der ökonomische und soziale Wandel auch zu politischen Veränderungen in der DDR in Richtung auf »Partizipation« führen müsse.[46]

Tatsächlich aber blieb die DDR eine in ihrer Entwicklung von den politisch-ideologischen Vorgaben der SED blockierte Industriegesellschaft, der es nicht gelang, den wirtschaftlichen Rückstand zur Bundesrepublik zu verringern. Da sie aber für die Mehrheit der Bevölkerung die Folie zur Beurteilung der eigenen Lage blieb, hielt sich die Unterstützung der SED-Politik weiterhin in engen Grenzen.

46 Vgl. Peter-Christian Ludz, *Parteielite im Wandel. Funktionsausbau, Sozialstruktur und Ideologie der SED-Führung. Eine empirisch-systematische Untersuchung*, Köln/Opladen 1968; und zur Kritik: Klaus Schroeder / Jochen Staadt, »Der diskrete Charme des Status quo: DDR-Forschung in der Ära der Entspannungspolitik«, in: Klaus Schroeder (Hrsg.), *Geschichte und Transformation des SED-Staates. Beiträge und Analysen*, Berlin 1994, S. 309 ff.

Die Integration der DDR in das sowjetische Machtimperium und die Abschottung durch die Mauer sicherten zwar vorläufig ihre Existenz, verstärkten aber auch die Abhängigkeit von der Sowjetunion. Walter Ulbricht zeigte über lange Zeit eine erstaunliche Fähigkeit, sich den jeweiligen ideologischen oder taktischen Kurswechseln der Sowjetunion anzupassen. Diese Flexibilität sicherte sein politisches Überleben, begrenzte aber auch die Eigenständigkeit seiner Politik.

8.3 Der politische Sturz

Die Position Ulbrichts im engeren Führungszirkel der SED kam ins Wanken, als es ihm nicht gelang, die Sowjetunion dazu zu bewegen, die völkerrechtliche Anerkennung der DDR durch die Bundesrepublik als Junktim für Verhandlungen seitens der UdSSR und Polens mit der Bundesrepublik durchzusetzen. Ulbricht musste zurückstecken und sich mit der Festschreibung der Grenze zwischen der Bundesrepublik und der DDR zufriedengeben. Auf einer internationalen Pressekonferenz im Januar 1970 sprach er erstmals von der DDR »als sozialistischem deutschem Nationalstaat«.[47]

Trotz seiner Anpassungsfähigkeit gegenüber den Vorgaben der Sowjetunion erfolgte eine schrittweise Entmachtung Ulbrichts auf Druck seiner innerparteilichen Konkurrenten, die Planrückstände und Schwierigkeiten in einigen wirtschaftlichen Bereichen nutzten, um seine Absetzung von der KPdSU-Führung zu fordern. Aber erst nach einigen Monaten gab der KPdSU-Chef Breschnew grünes Licht zum Machtwechsel. Auf einen Brief von 13 Mitgliedern und Kandidaten des SED-Politbüros forderte er Ul-

47 Vgl. Jochen Staadt, »Walter Ulbrichts letzter Machtkampf«, in: *Deutschlandarchiv*, Nr. 5/1996, S. 695.

bricht zum Rücktritt auf – dieser fügte sich. Am 3. Mai 1971 trat Ulbricht offiziell aus Krankheitsgründen zurück und Erich Honecker übernahm die Funktion des Ersten Sekretärs des ZK der SED.

Zwar blieb Ulbricht Staatsratsvorsitzender, doch wurde ihm auch in dieser Funktion jeder Spielraum genommen. Sein Nachfolger sorgte bis zu Ulbrichts Tod im Jahre 1973 dafür, dass er keine Gelegenheit zur politischen Einflussnahme mehr bekam. Honecker schreckte selbst vor der Bespitzelung seines Vorgängers durch das MfS nicht zurück. Ulbricht blieb nur die Klage über »die seelenlose administrative Tätigkeit, die nichts mit Leninschen Parteinormen zu tun« hätte,[48] aber schließlich hatte er dieses System, das ihn nun unerbittlich ausgrenzte, selbst an vorderster Front mitgeschaffen.

48 Zit. nach: Staadt (Anm. 47), S. 700.

9. Die Zeit der sozialpolitischen Offensiven

Der neue Erste Sekretär Erich Honecker führte sich mit einem endgültigen Abbruch der Wirtschaftsreform, einer stärkeren Einbindung seines Landes in das sowjetische Imperium sowie mit einer zentralen sozialpolitischen Offensive – der Einheit von Wirtschafts- und Sozialpolitik – und einer begrenzten und kontrollierten kulturpolitischen Lockerung in das oberste Amt der DDR ein. Gegenüber der Bundesrepublik versuchte er bis zu seiner Entmachtung im Herbst 1989, die völkerrechtliche Anerkennung der DDR zu erreichen.

Um die Ratifizierung des Grundlagenvertrages, der prinzipielle Fragen der Beziehungen zwischen beiden deutschen Staaten regeln sollte, nicht aufs Spiel zu setzen, unterstützte er die sozialliberale Koalition, die im April 1972 vorübergehend ihre Mehrheit im Bundestag verloren hatte, durch die Bestechung von mindestens einem Bundestagsabgeordneten durch das MfS. So scheiterte das Misstrauensvotum der Union gegen Willy Brandt, der nachfolgend die vorgezogenen Bundestagswahlen mit großer Mehrheit gewann.

Im Dezember 1972 unterzeichneten Vertreter der beiden deutschen Regierungen in Ost-Berlin den Grundlagenvertrag. Zwar erhielt die DDR hierdurch nicht die von ihr gewünschte völkerrechtliche Anerkennung, aber die Bundesrepublik akzeptierte die »Hoheitsgewalt« der DDR über ihr Staatsgebiet und musste die »Unabhängigkeit und Selbständigkeit« des SED-Staates »respektieren«. Damit gab sie endgültig ihren Alleinvertretungsanspruch auf, setzte allerdings durch, dass in der Präambel die unterschiedlichen Positionen beider Seiten zur »nationalen Frage« enthalten waren. So blieb es bei der gegensätzlichen Auffassung: Die DDR sprach von zwei Staaten und zwei Nationen und einer Nationalität, die Bundesrepublik von zwei Staaten und einer Nation.

Mit dem Abschluss des Grundlagenvertrages war das Signal zur Aufnahme beider deutscher Staaten in die UNO und in andere internationale Organisationen sowie für die diplomatische Anerkennung der DDR durch westliche Staaten gegeben. Bis zum Jahresende 1973 nahmen annähernd 70 Staaten aus aller Welt diplomatische Beziehungen zur DDR auf. Im September 1973 wurden beide deutsche Staaten Mitglieder der Vereinten Nationen.

Ihre Auffassung von der DDR als »sozialistischer Nation« schrieb die SED in die novellierte Verfassung von 1974. Die DDR sei zudem »für immer und unwiderruflich mit der Union der Sozialistischen Sowjetrepubliken verbündet«. Fortan ließ die Partei in allen Verlautbarungen, Schriften, Lehrplänen etc. die Sprachregelung »sozialistische deutsche Nation« oder »sozialistisches Vaterland DDR« einfügen.

9.1 Die Sicherung der Macht

Auch ideologisch verabschiedete sich Erich Honecker von der Ulbricht-Ära. Gemäß seinen Vorstellungen sollte die »entwickelte sozialistische Gesellschaft« der Bevölkerung mehr sozialen Wohlstand auf der Grundlage wirtschaftlichen Wachstums bringen.

Trotz des von ihm initiierten neuen, eher pragmatischen Wirtschaftskurses, einer begrenzten und kontrollierten Liberalisierung der Kulturpolitik sowie seines für DDR-Verhältnisse jovialen öffentlichen Auftretens setzte Honecker die innere Disziplinierung und Formierung der SED konsequent und unbeirrt fort. Die Parteiorganisation wurde gestrafft, die »Einheit und Geschlossenheit« der Partei betont, die Mitgliederwerbung verstärkt und die Kompetenzen des Parteiapparates erhöht. Von 1971 bis Ende 1975 wurden etwa 75 000 Mitglieder aus der SED ausgeschlossen. Die unter Ulbricht begonnene Politik, technokratische Elemente in die Gesellschaftsplanung und -gestaltung einzubeziehen, machte Honecker rückgängig. Absolute Priorität erhielt erneut die (Partei-)Politik. Die Weiterentwicklung des DDR-Sozialismus sollte in eher kleinen Schritten erfolgen, um die Parteiherrschaft nicht zu gefährden.

An der strikten hierarchischen Ausrichtung der Partei und der Machtkonzentration in zentralen Gremien, vor allem im Politbüro, änderte sich in der Honecker-Ära nichts. Selbst im Politbüro gab es kaum kontroverse Diskussionen. Die Entscheidungsgewalt blieb weiterhin auf den ersten Mann – Erich Honecker – konzentriert. Diskussionen erfolgten nach Maßgabe der Anweisungen und in vorgegebenen Spielräumen; abweichende Meinungen wurden nicht toleriert. Die Rituale parteiloyalen Verhaltens sahen weiterhin die permanente Mobilisierung der Massen vor, die zu gegebenen Anlässen – so zum Beispiel am 1. Mai – ihre »Verbundenheit« mit Partei und Staat zu demonstrieren hatten.

Auch das grundlegende Misstrauen der SED-Führung gegenüber der Bevölkerung blieb trotz der verkündeten sozialpolitischen und kulturpolitischen Initiativen und der Fortsetzung der Entspannungspolitik erhalten. Die SED verlagerte und verfeinerte lediglich die Methoden der Überwachung und Unterdrückung der Bevölkerung, so dass diese nach außen hin nicht mehr in dem Maße wie in den Jahrzehnten zuvor sichtbar waren. Dieser Übergang von offener Repression zu subtileren Formen der Einschüchterung ging einher mit einer Erhöhung der Zahl der Mitarbeiter des MfS, die möglichst präventiv für »Ruhe und Ordnung« im Land sorgen sollten. Allein von 1970 bis 1975 erhöhte sich die Zahl der hauptamtlichen MfS-Mitarbeiter von etwa 43 000 auf knapp 60 000.

Vgl. Dokument 17, S. 165

Als Reaktion auf die Entspannungspolitik der Bundesrepublik verschärfte die neue SED-Führung die Maßnahmen zur »Sicherung« der innerdeutschen Grenze. Honecker forderte 1972: »Die Grenztruppen können ihren militärischen Auftrag nur erfüllen, wenn sie dabei die allseitige Unterstützung aller zuständigen Organe und gesellschaftlichen Organisationen haben.« Die Grenzbewohner wurden aufgefordert, Fluchtwillige zu denunzieren, um rechtzeitig »Grenzverletzungen« erkennen und verhindern zu können. Die »Sicherung der Grenze« durch Splitterminen sollte verstärkt werden. Die Grenzsoldaten wurden ermuntert, jeglichen Fluchtversuch zu unterbinden. »Überall muß ein einwandfreies Schußfeld gewährleistet werden [...]. Nach wie vor muß bei Grenzdurchbruchsversuchen von der Schußwaffe rücksichtslos Gebrauch gemacht werden, und es sind die Genossen, die die Schußwaffen erfolgreich angewandt haben, zu belobigen.«[49]

Die Sicherung der innerdeutschen Grenze korrespondierte mit der ideologischen Abwehr der vom äußeren Feind – der Bundesrepublik – angeblich versuchten subversiven Einflussnahme auf die Bevölkerung. Mit der ständig wiederholten Forderung nach Verbesserung der ideologischen Erziehungsarbeit versuchte die SED, an dieser Front eine »ideologische Mauer« zu errichten. Hoffnungen auf einen demokratischen oder auch nur modernisierten Sozialismus gab die neue Führung ihrer Bevölkerung nicht. Der Chefideologe der SED, Kurt Hager, sprach im Mai 1973 erstmals vom »real existierenden Sozialismus«, zu dem es keine Alternative gäbe.

9.2 Kulturpolitische Lockerungen

Um Teile der Intelligenz, vor allem die Künstler, wieder stärker an das System zu binden, signalisierte Erich Honecker im Dezember 1971 ein gewisses »Tauwetter«: »Wenn man von der festen Position des Sozialismus ausgeht, kann

49 Zit. nach: W. Filmer / Heribert Schwan, *Opfer der Mauer. Die geheimen Protokolle des Todes*, München 1991, S. 393.

es meines Erachtens auf dem Gebiet von Kunst und Literatur keine Tabus geben. Das betrifft sowohl die Fragen der inhaltlichen Gestaltung als auch des Stils – kurz gesagt: die Fragen dessen, was man die künstlerische Meisterschaft nennt.«[50]

Obschon mit diesen Sätzen durchaus restriktiv die Betonung auf die »feste Position des Sozialismus« gelegt wurde, boten sie vielen Künstlern in deren Interpretation doch eine Grundlage gegen besonders engstirnigen Provinzialismus an der Parteibasis. In der Folge konnten einige vorher nur im Westen veröffentlichte Bücher wie zum Beispiel Stefan Heyms *Der König David Bericht* in der DDR erscheinen. Außerdem durften Bilder gezeigt werden, die vorher als dekadent gebrandmarkt worden wären, und selbst die bislang als Ausdruck westlicher Unkultur stigmatisierte Beat-Musik erklärten Parteifunktionäre jetzt für gesellschaftsfähig. In der Folgezeit gründete sich eine Vielzahl von DDR-Beatgruppen, die mit deutschen Texten gegen die phonetische Übermacht von Beatles, Rolling Stones und anderen westlichen Beat- und Rockgruppen konkurrierten.

Doch diese kulturpolitischen Lockerungen gingen einigen engstirnigen prominenten Parteigenossen zu weit. So erklärte zum Beispiel der DDR-Staranwalt Friedrich Karl Kaul, der von Ulrich Plenzdorf verfasste Text *Die neuen Leiden des jungen W.*, der nicht nur in der DDR auf breite Resonanz stieß, »ekle« ihn an, da dort verwahrloste, verhaltensgestörte Jugendliche zu positiven Helden der sozialistischen Literatur erklärt würden.[51]

Ab 1975 griff die SED wieder verstärkt zum Mittel der Zensur und der Unterdrückung von Literatur und Kunst. Mit der Ausbürgerung des Liedermachers und kommunistischen Regimekritikers Wolf Biermann im Jahr 1976 und der darauffolgenden harten Linie gegenüber »Sympathi-

50 Zit. nach: Jäger (Anm. 40), S. 40.
51 Vgl. Jäger (Anm. 40), S. 153.

santen« Biermanns verdeutlichte sie, dass sie selbst linke oder sozialistische Kritik an der Parteilinie für bedrohlich hielt. Als 1977 der Kommunist Rudolf Bahro in seinem nur im Westen veröffentlichten Buch *Die Alternative* von der Diktatur des Politbüros und sogar von der Tendenz zur Inquisition sprach, wurde er zu acht Jahren Haft verurteilt. Verfahren und Strafmaß hatten Honecker und Mielke mündlich abgesprochen. Aufgrund anhaltender westlicher Proteste entließ die SED Bahro im Jahre 1979 aus dem Gefängnis und schob ihn in die Bundesrepublik ab. Ein erzwungener Exodus von DDR-Künstlern und Schriftstellern Richtung Bundesrepublik setzte schon nach der Ausbürgerung Biermanns ein, der letztlich zu einer weiteren Ausdünnung der Kultur in der DDR führte.[52]

9.3 Die Einheit von Wirtschafts- und Sozialpolitik

Die neue SED-Führung war sich der Grenzen ihrer ideologischen und vor allem ihrer wirtschaftlichen Politik gerade mit Blick auf den anderen deutschen Teilstaat bewusst und legte Ulbrichts »überholte Strategie« zu den Akten. Nun sollte der Sozialismus auf dem Feld der Sozialpolitik, die es ursprünglich nach Auffassung von SED-Ideologen im Sozialismus aufgrund vermeintlich fehlender sozialer Probleme nicht geben dürfte, seine Überlegenheit beweisen. In ihrem Zentrum stand zunächst der Wohnungsbau, da in vielen Städten das Bild immer noch durch stark beschädigte Häuser und Ruinen bestimmt war. Außerdem mangelte es an dringend benötigtem Wohnraum. Anfang der siebziger Jahre besaßen nur 39 % der Wohnungen Bad oder Dusche, 36 % eine Innentoilette, Warmwasser 26 %;

52 Vgl. Hannelore Offner / Klaus Schroeder (Hrsg.), *Eingegrenzt – ausgegrenzt. Bildende Kunst und Parteiherrschaft in der DDR 1961–1989*, Berlin 2000.

über eine moderne Heizung verfügte nur etwa jede zehnte Wohnung. Bis zum Jahr 1990 sollte die Wohnungsfrage, d. h. die Fertigstellung »angemessenen« Wohnraums für die Bevölkerung, als »soziales Problem« gelöst sein.

Weitere sozialpolitische Maßnahmen sollten materielle Anreize für Frauen bieten, in den Arbeitsprozess einzutreten. Hierzu gehörten eine Arbeitszeitverkürzung, die Verlängerung des bezahlten Mutterschaftsurlaubs sowie der Ausbau von Plätzen in Kinderkrippen und Kindertagesstätten. Dieses Angebot wurde von vielen Frauen angenommen, so dass sich die Zahl der erwerbstätigen Frauen von 3,8 Mio. im Jahr 1971 auf 4,1 Mio. im Jahr 1980 erhöhte. Damit arbeiteten etwa knapp 80 % der Frauen.

Leben in der DDR – Alltag und Betrieb

Der totalitäre Herrschaftsanspruch der SED machte auch vor dem Alltag der Menschen nicht halt. Der Einzelne sollte in Kollektiven sozialisiert und in das sozialistische Leben eingepasst werden. Eine zentrale Rolle kam der Arbeit zu, die laut DDR-Gesetzgebung »Recht und Pflicht jedes Bürgers« war. Betriebe waren nicht nur Arbeitsstätten, sondern finanzierten und organisierten zudem Freizeitaktivitäten. In ihnen gab es eher flache Hierarchien und meist intensive kollegiale Beziehungen, die häufig bis ins private Leben reichten.

Der Konsumalltag der meisten DDR-Bürger blieb bis zum Schluss von Versorgungsengpässen geprägt. Knappe Güter konnten häufig nur über persönliche Netzwerke, Deviseneinsatz oder nach langjährigem Warten erstanden werden. Oft fehlten banale Alltagsgegenstände wie Fahrradventile, Autoreifen oder Kinderbekleidung, während umgekehrt massenhaft produzierte Waren, die keiner haben wollte, Lager und Schaufenster füllten. Für die alltägliche »Warenbeschaffung« musste viel Zeit aufgewendet werden. Der Unmut vieler Bürger über die Versorgungslage machte sich in zahlreichen Eingaben (Bittstellungen, Beschwerden u. ä.) an die Partei- und Staatsführung Luft.

Vgl. Dokument 18, S. 168

Die Wohnungssituation verbesserte sich im Laufe der Jahrzehnte nur allmählich; erst in den achtziger Jahren lebten die meisten Menschen in mit Bad/Toilette und moderner Heizung ausgestatteten Wohnungen. Sie zahlten eine niedrige Miete, da die Mieten staatlich auf niedrigem Niveau festgesetzt waren, so dass sich Reparaturen nicht lohnten und die Altbausubstanz zunehmend verfiel.

Einen beträchtlichen zeitlichen Aufwand erforderte die zumeist als lästig empfundene »gesellschaftliche Arbeit«. Hierzu zählten Parteiversammlungen, Treffen der Massenorganisationen, Agitationseinsätze der »Nationalen Front«, aber auch gesellschaftliche Ämter in der Schule oder Hausgemeinschaft. Freizeit war deshalb ein äußerst knappes Gut, insbesondere für Frauen, die zudem die Doppelbelastung von Beruf und Haushalt trugen. Zwar versuchte die SED auch die Freizeit nach ihren Vorstellungen zu beeinflussen, doch wollten die meisten Menschen zumindest in dieser Zeit ihr »eigenes Leben« leben. Der Rückzug in den Kleingarten mit Datsche und das Fernsehen spielten dabei eine wichtige Rolle. Sehr beliebt waren zudem Urlaubsreisen, obwohl die Reisemöglichkeiten aufgrund der niedrigen Einkommen, der unterentwickelten Infrastruktur und der Reiseverbote in westliche Länder stark eingeschränkt waren. Privilegierten Gruppen wie Partei- und Staatsfunktionären oder

MfS-Angehörigen standen weit mehr Freizeit- und Einkaufsmöglichkeiten zur Verfügung als der ›normalen‹ Bevölkerung.
Die tägliche Anpassung an die Systembedingungen wurde von vielen verinnerlicht und die diktatorischen Rahmenbedingungen – so weit wie möglich – ausgeblendet, so dass dem Durchschnittsbürger der Alltag ›normal‹ erschien.

Die von Honecker verordnete »sozialpolitische Offensive« führte zu einer Anhebung niedriger Einkommen und der Mindestrenten, zu einer besseren finanziellen Förderung von Kindern und Familien, zu einer verringerten Jahresarbeitszeit sowie zu einer raschen Ankurbelung des Wohnungsbaus. Dennoch blieb das Wohlstandsniveau verglichen mit der Bundesrepublik weiterhin gering, wenngleich die Konzentration auf die Konsumgüterindustrie in den folgenden Jahren durchaus beachtliche Ergebnisse zeitigte. Beträchtlich angekurbelt wurde die Produktion von Kühlschränken, Fernsehern und PKW, so dass zwischen 1970 und 1975 der Anteil der Haushalte mit PKW von 15,6 % auf 26,2 %, mit Kühlschränken von 65,4 % auf 84,7 % sowie mit Fernsehern von 69,1 % auf 81,6 % stieg. Dieser Trend weckte in der Bevölkerung Hoffnung auf weiteren Wohlstand. Doch der Schein trog: Die Ankurbelung von Wirtschaft und Konsum war nur durch eine erhöhte Verschuldung im westlichen Ausland möglich gewesen. Der negative Saldo in der DDR-Handelsbilanz gegenüber westlichen Ländern stieg von 1971 bis 1975 auf knapp 13 Mrd. Valuta-Mark, in den Jahren von 1966 bis 1970 hatte er noch 2,2 Mrd. betragen.[53]

Als geradezu katastrophal sollte sich eine ordnungspoli-

53 Vgl. Schroeder (Anm. 12), S. 219 ff.

tische Maßnahme der SED erweisen. Im Rahmen einer Kampagne liquidierte sie mittels Massenverstaatlichung im Frühjahr 1972 die Reste des Privateigentums im Industrie- und Baubereich (mit Ausnahme vieler kleiner Handwerksbetriebe). Daraufhin verloren in der Industrie über 2500 Privat- und rund 5600 halbstaatliche Betriebe ihre ohnehin bereits stark eingeschränkte Selbständigkeit. In der Bauwirtschaft waren 182 private und 800 halbstaatliche Betriebe betroffen. Gleichzeitig wurden rund 1700 angeblich »industriell produzierende« Produktionsgenossenschaften des Handwerks in »volkseigene Betriebe« umgewandelt. Mitte der siebziger Jahre lag der Anteil der Beschäftigten in der Privatwirtschaft an der Gesamtzahl der Beschäftigten nur noch bei etwa 5 %.

Die ökonomisch unsinnige Verstaatlichung sollte wohl auch den »Sozialneid« eines Teils der werktätigen Bevölkerung beseitigen, da sich der übriggebliebene Mittelstand trotz staatlicher Restriktionen in Form von erschwerter Materiallieferung und sehr hohen Abgaben durch überdurchschnittliche Eigenleistung und -initiative ein höheres Lebensniveau erarbeitet hatte. Als Folge dieser Maßnahme verschärften sich die Versorgungsmängel, denn die Privatbetriebe hatten sich auf Nischen spezialisiert, die der Befriedigung von Marktbedürfnissen dienten, die die zentralistische Planwirtschaft nicht erfüllen konnte oder wollte.

Der Landwirtschaft verordnete die SED-Führung ebenfalls einen bedeutsamen Strukturwandel mit dem Ziel der Industrialisierung der Landwirtschaft und der Spezialisierung einzelner Betriebe bei gleichzeitiger Bildung kooperativer Einheiten. Wie die Industriebetriebe hatten auch die großen landwirtschaftlichen Genossenschaften sozialpolitische Aufgaben (Kindergarten, Kantine, kulturelle Angebote etc.) zu übernehmen. Die Nachteile dieser großen Einheiten, die in den folgenden Jahren als LPG Pflanzenproduktion, LPG Tierproduktion oder Gärtnerische Produktionsgenossenschaft (GPG) fungierten, bestanden in einer unzureichenden Nutzung der Flächen, in Fruchtfolgeproblemen aufgrund ungenügender organischer Substanzen in den Böden, unproduktiven Zuliefer- bzw. Abnahmebetrieben (Molkereien, Zuckerfabriken, Düngemittelindustrie etc.) sowie in technisch zunehmend veralteten Maschinen. Darüber hinaus wirkten sich die allgemeinen Defizite einer zentralistischen Planwirtschaft mit zentraler Preisregulierung negativ aus, so dass die Hoffnungen auf ein besseres Leben, das sich viele Menschen nach dem Machtwechsel von Ulbricht zu Honecker erhofft hatten, schon wenige Jahre später zu Illusionen wurden.

10. Der Weg in die Stagnation

Der erhoffte Aufbruch zu einem modernisierten Sozialismus stieß Ende der siebziger Jahre schnell an außen- und innenpolitische, vor allem wirtschaftliche Grenzen. Eine lange Phase der Stagnation begann.

10.1 Die Auswirkungen der KSZE-Schlussakte

Zwar wollte die inzwischen international anerkannte DDR weiterhin auf internationalem Parkett gleichberechtigt vertreten sein, musste dafür aber unerwünschte Zugeständnisse machen. Vor allem die mitunterzeichnete KSZE-Schlussakte vom August 1975 bereitete der SED-Führung Sorge. Die hier fixierten Vereinbarungen zum Gewaltverzicht, zur territorialen Integrität, zur Nichteinmischung oder zur Unverletzlichkeit der Grenzen entsprachen zwar weitgehend der DDR-Außenpolitik; die getroffenen Vereinbarungen zu humanitären Fragen, zu menschlichen Kontakten, Informationen oder zur Zusammenarbeit und zum Austausch im Bereich von Kultur und Bildung erleichterten jedoch Forderungen nach Besuchs- und Reiseerleichterungen oder Familienzusammenführungen.

Unmittelbar nach Veröffentlichung des KSZE-Schlussdokuments im SED-Zentralorgan »Neues Deutschland« und anderen DDR-Zeitungen versuchte die SED-Führung, die Übereinkünfte in humanitären Fragen zu relativieren, was jedoch misslang. Eine von Karl-Heinz Nitschke ins Leben gerufene Initiative forderte unter Berufung auf die Menschenrechte und die KSZE-Schlussakte die Ausreisegenehmigung. Darüber hinaus bezichtigte Nitschke die DDR der Verletzung der Menschenrechte, der Freiheitsberaubung und der Verweigerung des Rechtes auf

Emigration. Daraufhin wurde er verhaftet, wegen »staatsfeindlicher Hetze« und »staatsfeindlicher Verbindungen« verurteilt und ein Jahr später ebenso wie seine Mitstreiter in die Bundesrepublik abgeschoben.

Die Antragstellung auf »ständige Ausreise« aus der DDR erwies sich als ein nicht zu bewältigendes Problem – trotz aller Gegenmaßnahmen von SED und MfS wie etwa der Kriminalisierung Ausreisewilliger.

Viele Ausreisewillige verloren das »Recht auf Arbeit«; sie wurden aus ihrem Arbeitsverhältnis entlassen. Es folgte eine leidensreiche Zeit der Ausgrenzung und vielfach auch Isolierung durch Bekannte und ehemalige Arbeitskollegen, ehe sie – oft erst nach mehreren Jahren – schließlich in die Bundesrepublik ausreisen durften.

Ein besonderes Ärgernis waren den Verantwortlichen in Partei und Staat Journalisten aus der Bundesrepublik, denen, wenn sie zu kritische Töne über die DDR verlauten ließen, die Akkreditierung entzogen wurde, wie etwa Ende des Jahres 1975 dem *Spiegel*-Redakteur Jörg Mettke, der einen Artikel über die Zwangsadoptionen von Kindern geflüchteter Eltern schrieb, und dem ARD-Fernsehkorrespondenten Lothar Loewe, der die »Sicherung« der innerdeutschen Grenze wie folgt charakterisierte: »Die Menschen in der DDR verspüren die politische Kursverschärfung ganz deutlich. Die Zahl der Verhaftungen aus politischen Gründen nimmt im ganzen Land zu. Ausreiseanträge von DDR-Bürgern werden immer häufiger in drohender Form abgelehnt. Hier in der DDR weiß jedes Kind, dass die Grenztruppen den strikten Befehl haben, auf Menschen wie auf Hasen zu schießen.«[54]

54 Zit. nach: *Der Spiegel*, Nr. 37/1977, S. 172.

10.2 Die Gestaltung der »entwickelten sozialistischen Gesellschaft«

Auf dem IX. Parteitag im Mai 1976 versuchte die SED-Führung, ihrer Politik ein neues programmatisches Gesicht zu geben. Neben der Betonung der führenden Rolle der SED wurde die noch engere Anlehnung an die Sowjetunion unterstrichen und das Konzept der »Einheit von Wirtschafts- und Sozialpolitik« mit Versprechungen zur Erhöhung des »materiellen und kulturellen Lebensniveaus« verbunden. Die Partei bezeichnete sich als »freiwilliger Kampfbund gleichgesinnter Kommunisten« und lehnte in dem ebenfalls neuen Statut »jede Erscheinung von Fraktionsmacherei und Gruppenbildung« ab.

Vgl. Dokument 19, S. 170

10.3 Abwärtsspirale der Volkswirtschaft

Unmittelbar nach diesem Parteitag 1976 verabschiedete das ZK einen Beschluss zur »weiteren planmäßigen Verbesserung der Arbeits- und Lebensbedingungen der Werktätigen« bis 1980, in dem sozialpolitische Maßnahmen vorgesehen waren, so u. a. eine Erhöhung der Mindestlöhne und -renten, eine leichte Verkürzung der Arbeitszeit im Schichtbetrieb sowie eine Erhöhung der Zahl der Urlaubstage. Außerdem wurden das Rentensystem durch die Gewährung einer Zusatzrente für Lehrer und Erzieher weiter differenziert und die Familienpolitik durch Einführung eines »Babyjahres« sowie die Vergabe an die Kinderzahl gebundener Kredite verbessert.

Die hierfür notwendigen finanziellen Aufwendungen überstiegen jedoch die Wirtschaftskraft der DDR und führten zu einer tendenziellen Verringerung der Investitionsquote. Ab Mitte der siebziger Jahre reduzierte sich das Wachstum der Investitionen – aufgrund der hohen

Kosten für Subventionen und Sozialausgaben – von durchschnittlich 5 % auf gut 3 %. Die negative Handelsbilanz der DDR gegenüber ihren westlichen Handelspartnern erhöhte sich nach eigenen Angaben in der zweiten Hälfte der siebziger Jahre auf knapp 30 Mrd. Valuta-Mark. Selbst die Bilanz im RGW-Handel geriet in den negativen Bereich. Die Auslandsverschuldung betrug nach Schätzungen zwischen 12,3 Mrd. und 14,5 Mrd. Dollar, was zu einer jährlichen Zinslast von etwa 1 Mrd. Dollar führte. Vorschläge von Ökonomen, die Sozialausgaben zu senken und als Grundlage für eine Modernisierung der Wirtschaft eine Industriepreisreform durchzuführen, wurden von Erich Honecker als Sabotage seines Kurses der Einheit von Wirtschafts- und Sozialpolitik gewertet und deshalb zurückgewiesen. Damit geriet die DDR-Wirtschaft in eine bedrohliche Abwärtsspirale, die mit einer weiteren Auslandsverschuldung und einer Verschlechterung der ökonomischen Lage einherging,[55] wie eine Vielzahl von Eingaben dokumentiert.

Vgl. Dokument 18, S. 168

Das ökonomische System – zentralistische Planwirtschaft und Umweltzerstörung

Unmittelbar nach Kriegsende begann die sowjetische Besatzungsmacht in ihrer Zone unter dem Etikett der Entnazifizierung mit der Umgestaltung der Eigentumsverhältnisse. Banken und Versicherungen sowie der größte Teil der Industrie wurden beschlagnahmt, Großgrundbesitzer und Großbauern im Zuge einer Bodenreform enteignet. Ab Juni 1947 übernahm die »Deutsche Wirtschaftskommission« (DWK) die ge-

55 Vgl. André Steiner, *Von Plan zu Plan. Eine Wirtschaftsgeschichte der DDR*, München 2004, S. 191 ff.

samtwirtschaftliche Planung, Lenkung und Kontrolle des Wirtschaftsprozesses. Schon Anfang der 1950er Jahre arbeitete weniger als die Hälfte der Werktätigen in der Privatwirtschaft. Die Verstaatlichung bis hin zu mittleren und kleinen Betrieben setzte sich bis 1972 fort. Ab diesem Zeitpunkt existierten nur noch wenige private Unternehmen. Durch den fortschreitenden Konzentrationsprozess wurden die volkseigenen Betriebe (VEB) immer größer und schließlich Ende der siebziger Jahre in Kombinaten zusammengefasst.

Entsprechend der zentralistischen Planwirtschaft entwarf eine zentrale staatliche Plankommission (SPK) nach den Vorgaben der Parteiführung zumeist Fünf-Jahres- und Ein-Jahres-Wirtschaftspläne, die den Betrieben zur Bestätigung oder Ergänzung vorgelegt wurden. Nach einem Abgleich der Pläne der verschiedenen Wirtschaftseinheiten erstellte die SPK einen vollzugsverbindlichen Plan. Da die Pläne weitgehend stofflicher Natur waren und die Preise nach politischen Vorgaben festgelegt wurden, spiegelten sie – anders als in Marktwirtschaften – keine realen Knappheitsrelationen wider. Die Planerfüllung war das primäre Ziel aller mit der Produktion befassten wirtschaftlichen und politischen Stellen, nicht zuletzt, weil fast alle Vergünstigungen und Privilegien von ihr abhingen.

Da Mängel in der Planerfüllung jederzeit auftreten konnten, waren alle beteiligten Akteure stets dem Risiko ausgesetzt, durch Zulieferstörungen in der eigenen Planerfüllung behindert zu werden. Um dies zu vermeiden, häuften die Betriebe »heimliche Reserven« an Material, Maschinenkapazitäten und Arbeitsleistung an. Diese Reserven waren darüber hinaus das

Mittel, um auf dem Schwarzmarkt – dem marktwirtschaftlichen Ventil der Planwirtschaft – vieles von dem eintauschen zu können, was der reguläre Plan nicht bereitstellen konnte. Dieses Prinzip – im DDR-Jargon: SKET = sehen, kaufen, einlagern, tauschen – galt nicht nur für die Betriebe, sondern vor allem auch für private Haushalte.

Das politische Preissystem sah eine umfassende Subventionierung von Gütern und Dienstleistungen des alltäglichen Lebens vor, belegte jedoch andererseits so genannte »Luxusgüter« künstlich mit höheren Preisen. Die Subventionierung führte allgemein zu einem verschwenderischen Umgang mit Ressourcen. So war es zum Beispiel günstiger, Schweine mit Brot statt mit Kraftfutter zu füttern; Wasser und Energie wurden ohne Rücksicht auf ökologische Auswirkungen genutzt, so dass die darüber hinaus produktionsbedingte Umweltverschmutzung in der DDR erschreckende Ausmaße annahm.

Nachdem eine Wirtschaftsreform in den sechziger Jahren gescheitert war, propagierte Honecker in den siebziger Jahren die »Einheit von Wirtschafts- und Sozialpolitik«. Obschon die sozialen Leistungen vergleichsweise eher gering ausfielen, belasteten und überforderten sie die ohnehin geschwächte Wirtschaftskraft.

In ihrer wirtschaftlichen Schlussbilanz entsprachen die durchschnittliche Produktivität und der durchschnittliche Lebensstandard der DDR etwa dem Niveau der Bundesrepublik Ende der sechziger Jahre.

10.4 Die Krise im sozialistischen Lager

Mitte der siebziger Jahre wähnte sich die Sowjetunion nicht zuletzt angesichts der Niederlage der USA in Vietnam in einer weltpolitischen Offensive, die sie auch in Europa militärisch demonstrieren wollte, und begann 1977 mit der Stationierung ihrer mobilen, mit Mehrfachsprengköpfen bestückten SS-20-Mittelstreckenraketen. Hierauf reagierte die westliche Seite mit der Verkündung des »NATO-Doppelbeschlusses«, der die Aufstellung von Pershing-2-Raketen und bodengestützten Marschflugkörpern vom Typ »Cruise Missiles« vorsah, falls die Sowjetunion nicht zur beiderseitigen Abrüstung bei diesen Systemen bereit sein sollte. Eine neue Eiszeit in den Beziehungen zwischen Ost und West folgte.

Ende Dezember 1979 marschierten sowjetische Truppen in Afghanistan ein, um die ein Jahr zuvor durch einen Militärputsch an die Macht gekommene prosowjetische Regierung zu unterstützen. Dies führte zu massiven Protesten im Westen und zu bedingungslosen Unterstützungserklärungen in der DDR.

Brisant für die Sowjetunion und die von ihr abhängigen Staaten wurden Streiks und Proteste im September 1980 in Polen und die Bildung der unabhängigen Gewerkschaft »Solidarnočž«, die binnen kurzer Zeit knapp 10 Mio. Mitglieder hatte. Die SED-Führung befürchtete ein Übergreifen sozialer Proteste und politischer Unruhen auf ihr Land und setzte sich bei Beratungen des Warschauer Paktes nachdrücklich für eine Intervention in Polen ein.[56] Obgleich in der Sowjetunion und der DDR die Vorbereitungen für ein militärisches Eingreifen nach dem Vorbild der Prager Intervention 1968 anliefen, entschied sich die So-

56 Vgl. Michael Kubina / Manfred Wilke (Hrsg.), *»Hart und kompromisslos durchgreifen«: Die SED kontra Polen 1980/81. Geheimakten der SED-Führung über die Unterdrückung der polnischen Demokratiebewegung*, Berlin 1995.

wjetunion schließlich im Dezember 1980 vorerst gegen eine militärische Lösung. Als sich die Lage auch im nächsten Jahr nicht stabilisierte, drohte die Sowjetunion erneut mit einer Intervention, der die polnische KP jedoch mit der Verhängung des Kriegsrechts und dem Verbot der Solidarnočž zuvorkam.

11. Schleichender Niedergang

Anfang der achtziger Jahre drohte der DDR ein Kreditstop westlicher Banken. Aufgerüttelt durch die Zahlungsunfähigkeit Polens und Rumäniens Ende 1981 agierte die internationale Bankenwelt gegenüber den Ostblockstaaten vorsichtiger. Gleichzeitig sah sich die Sowjetunion gezwungen, ihr Erdöl auf dem Weltmarkt gegen harte Devisen zu verkaufen und die Lieferverpflichtungen gegenüber ihren RGW-Partnern einzuschränken. Für die DDR bedeutete dies eine Kürzung von jährlich 19 Mio. Tonnen auf 17 Mio. Tonnen. Sie reagierte hierauf mit einer Einschränkung des Heizölverbrauchs im eigenen Land sowie mit einem Programm zur weitestmöglichen Substitution von Ölprodukten durch eine Umstellung auf Braunkohle. Die DDR wollte weiterhin Ölprodukte, u. a. das Benzin an den Tankstellen auf den Transitstrecken, an den Westen verkaufen, weil sie hierdurch dringend benötigte Devisen erhielt.

Der ehemalige Vorsitzende der Staatlichen Plankommission, Gerhard Schürer, erklärte im nachhinein, durch die Kürzung der Rohöllieferungen seitens der Sowjetunion habe der Niedergang der DDR-Wirtschaft begonnen. Den wirtschaftlichen Niedergang konnten weder die vom bayerischen Ministerpräsidenten Franz-Josef Strauß vermittelten Finanzkredite in den Jahren 1983 und 1984 von jeweils etwa 1 Mrd. D-Mark noch die Einnahmen des Bereichs »Kommerzielle Koordinierung« (KoKo), die zwischen 1967 und 1989 immerhin insgesamt 41 Mrd. Valuta-Mark ausmachten, aufhalten.

11.1 Die Suche nach Legitimation

In dem Maße, wie die marxistisch-leninistischen Lehrformeln kaum noch Gehör selbst unter Parteigenossen fanden, bemühte sich die SED-Führung um neue Quellen der Legitimation. So wurde zum Beispiel Martin Luther zu einem der »größten Söhne des deutschen Volkes« ernannt. Seinen 500. Geburtstag suchte die SED sowohl innenpolitisch – in den Bereichen Kirche und Kultur – als auch außenpolitisch zu nutzen. Der politische Stellenwert der »Martin-Luther-Ehrung der DDR« im Jahre 1983 kam nicht zuletzt darin zum Ausdruck, dass Erich Honecker den Vorsitz des Luther-Komitees und die Schirmherrschaft über die Feierlichkeiten übernahm. Auch an anderen Personen der deutschen Geschichte entdeckte die Parteiführung zunehmend »progressive« Seiten. So ließ sie Bismarck, Friedrich II. und auch den Widerstand konservativer Kreise gegen das NS-Regime von Historikern neu bewerten. Zum 35. Jahrestag der DDR im Oktober 1984 erklärte die Parteiführung, ihr Staat sei »tief und fest« in der »ganzen deutschen Geschichte verwurzelt«.

11.2 Der innerdeutsche Dialog

Trotz der neuen Eiszeit zwischen den USA und der Sowjetunion hielten beide deutsche Staaten in den achtziger Jahren an den bisher gepflegten pragmatischen Beziehungen fest, die Erich Honecker als »Koalition der Vernunft« bezeichnete. Beide Seiten hatten, wenngleich unterschiedlich motiviert, Interesse an einem geregelten Nebeneinander. Auch nach dem Regierungswechsel und dem Amtsantritt von Helmut Kohl änderte sich an dieser Grundausrichtung nichts. Allerdings betonte die neue Bundesregierung stärker die Offenheit der »deutschen Frage«, ohne jedoch die rechtliche Geltung der Ostverträge in Frage zu stellen.

Neben der Fortsetzung der »Vertragspolitik« mit der Bundesregierung intensivierte die SED ihre Zusammenarbeit mit der SPD. Das dabei propagierte Konzept der »Sicherheitspartnerschaft« ging von der Anerkennung der deutschen Teilung als Voraussetzung für entspannungspolitische Fortschritte aus und versprach Bewegung in der deutschen Frage durch eine mit der Auflösung der Militärblöcke verbundene gesamteuropäische Friedensordnung. Mit dieser »zweiten Ostpolitik« wollte die SPD eine Alternative zur Regierungskoalition manifestieren. Während die SPD auf eine Reform des DDR-Sozialismus von oben hoffte, versuchte die SED, diese Zusammenarbeit als vermeintlich entscheidende Etappe auf dem Weg zur endgültigen völkerrechtlichen Anerkennung – und damit zur unbegrenzten Fortexistenz ihres Staates – zu nutzen.

Wohl auch um von den innenpolitischen Problemen abzulenken, forderte Honecker im Oktober 1980 die Anerkennung einer DDR-Staatsbürgerschaft, die Aufwertung der Ständigen Vertretungen in Bonn und Ost-Berlin zu diplomatischen Botschaften, die Auflösung der Zentralen Erfassungsstelle Salzgitter sowie einen veränderten Grenzverlauf auf der Elbe. Die Beziehungen zwischen der DDR und der Bundesrepublik sollten den zwischen zwei souveränen Staaten üblichen entsprechen. Diese so genannten Geraer Forderungen stießen bei der Bundesregierung auf Ablehnung, Teile der SPD und der Grünen stimmten ihnen jedoch zu. Als Zeichen des guten Willens gegenüber der SED kündigten etliche SPD-geführte Länder die finanzielle Unterstützung für die Zentrale Erfassungsstelle Salzgitter auf, die Menschenrechtsverletzungen in der DDR dokumentierte.

Die grüne Abgeordnete Antje Vollmer verlangte als erstes Mitglied des Deutschen Bundestages im September 1984 öffentlich die »Anerkennung der Realitäten« im Sinne Erich Honeckers. Dieser kam 1987 endlich zu dem lange geplanten »offiziellen« Besuch nach Bonn. Obwohl es sich förmlich nicht um einen »Staatsbesuch«, sondern um einen »protokollarisch aufgezäumten Arbeitsbesuch«[57] handelte, wurde Honecker mit fast allen für einen Staatsbesuch üblichen Ehren empfangen. Die in der Tischrede Kohls enthaltenen und vom DDR-Fernsehen übertragenen Äußerungen zur offenen deutschen Frage und zum fortdauernden Auftrag des Grundgesetzes, die »Einheit und Freiheit Deutschlands in freier Selbstbestimmung« zu erreichen, nahm Honecker ebenso gelassen hin wie die Mahnung des Bundeskanzlers zur Achtung der Menschenrechte. Aus Sicht des SED-Generalsekretärs war sein Besuch der vorletzte Schritt zur vollständigen Anerkennung der DDR, mit dem er seinem Land Zugang zu den westlichen Mächten und Märkten verschaffen wollte, um auch die Bundesrepublik zur völkerrechtlichen Anerkennung der DDR zu zwingen.

11.3 Die innere Erosion des Staatssozialismus

Weder sozialpolitische Programme und Verheißungen noch der nahezu flächendeckende Einsatz des Überwachungs- und Repressionsapparates konnten die Entstehung und Ausbreitung oppositioneller Gruppen verhindern und den Personenkreis, der der DDR per Ausreise den Rücken kehren wollte, eindämmen. Der innere Erosionsprozess der DDR lässt sich seit den achtziger Jahren an drei Faktoren ablesen: Kritische Stimmen, besonders zur Friedens- und Umweltpolitik der SED, wurden immer lauter, die Zahl der Ausreisewilligen stieg trotz aller Repressalien, und selbst unter Parteimitgliedern nahm die Bereitschaft zum aktiven Eintreten für den Machterhalt der SED ab.

Die SED, die – zumindest nach dem formalen Schul- und Hochschulabschluss – bis Mitte der achtziger Jahre

57 Vgl. Heinrich Potthoff, *Im Schatten der Mauer. Deutschlandpolitik 1961 bis 1990*, Berlin 1999, S. 268.

eine »Partei der Gebildeten« geworden war, erreichte 1986 mit über 2,3 Mio. einen Mitgliederhöchststand. Wie die konstant niedrig gebliebene Zahl der Parteiausschlüsse und Parteiverfahren verdeutlichte, gab es bis 1988 keine auffälligen Probleme mit der Disziplin an der Basis. Erst als im Sommer/Herbst 1989 die Zahl der DDR-Flüchtlinge immer mehr zunahm und die Proteste heftiger wurden, setzte auch eine Austrittswelle aus der Staatspartei ein, die zuvor vielen die Karriere gesichert hatte.

Aktivitäten wie die seit 1980 jährlich von der Evangelischen Kirche durchgeführten Friedensdekaden, der von Pfarrer Rainer Eppelmann formulierte »Berliner Appell – Frieden schaffen ohne Waffen« sowie die Aktionen der »Friedensgemeinschaft Jena« und der von Bärbel Bohley und Ulrike Poppe gegründeten Gruppe »Frauen für den Frieden« versetzten SED und MfS in Alarmbereitschaft. Ende 1985 gründete sich in Ost-Berlin die »Initiative Frieden und Menschenrechte« (IFM), die das Dach der Kirche nicht mehr nutzen wollte. Obschon das MfS die IFM sehr schnell durch »Zersetzung« oder Unterwanderung zerschlagen konnte, spielten viele ihrer Aktivisten 1989 eine zentrale Rolle bei den Protesten gegen die SED-Diktatur.

Das MfS schätzte 1989 das Gesamtpotenzial der DDR-kritischen Gruppen auf rund 2500 Personen, davon etwa 600 in Führungsgremien. Als harter Kern »fanatischer, von sogenanntem Sendungsbewußtsein, persönlichem Geltungsdrang und politischer Profilierungssucht getriebene, vielfach unbelehrbare Feinde des Sozialismus« kristallisierten sich für das MfS etwa sechzig Personen heraus, unter ihnen Rainer Eppelmann, Vera Wollenberger, Bärbel Bohley sowie Gerd und Ulrike Poppe, die bis zum Fall der Mauer eine zentrale Rolle in der Protestbewegung innehatten.[58]

Vgl. Dokument 21, S. 174

58 Vgl. Erhart Neubert, *Geschichte der Opposition in der DDR 1949–1989*, Berlin 1998.

Nach der von Oppositionellen öffentlich gemachten Fälschung der Kommunalwahl im Mai 1989 verstärkte sich der Zulauf zu den informellen Oppositionsgruppen. Die Kritik an den gesellschaftlichen Zuständen in der DDR erreichte nun auch immer größere Kreise der Bevölkerung. Von Ende Juli bis Anfang September 1989 entstanden der »Demokratische Aufbruch«, die Initiativgruppe zur Gründung einer »Sozialdemokratischen Partei«, die im September gegründete Gruppe »Demokratie Jetzt« und vor allem das »Neue Forum«, die alle zum Zusammenbruch der SED-Herrschaft beitrugen.

Das »Neue Forum«, die zahlenmäßig stärkste Gruppierung der Bürgerbewegung, verstand sich weder als Partei noch als eine ideologisch oder programmatisch strukturierte Vereinigung, sondern zunächst nur als organisatorische Basis für eine innergesellschaftliche Diskussion, die die Herrschenden zum Dialog aufforderte.

Vgl. Dokument 22, S. 175

Dissidenz, Opposition und Widerstand – aktive und passive Verweigerung

Die hohe Zahl der zwischen 1949 und 1990 in den Westen geflohenen Personen (etwa 5 Millionen) und aus politischen Gründen Inhaftierten (etwa 200 000) deuten auf die große Unzufriedenheit mit den politischen und gesellschaftlichen Verhältnissen hin.
Eine legale Opposition existierte in der DDR wie in allen kommunistischen Staaten allerdings nicht. SED und MfS versuchten, jegliche oppositionellen Aktivitäten schon im Keim zu ersticken, was ihnen, abgesehen vom Volksaufstand am 17. Juni 1953 und der Endphase im Herbst 1989, weitgehend gelang.
Bis zum Bau der Mauer hatten oppositionelle Kräfte

zumeist den Sozialismus und die DDR generell abgelehnt und die Wiedervereinigung angestrebt. Wer später die Verhältnisse im SED-Staat grundsätzlich kritisierte, stellte Ausreiseanträge oder versuchte zu fliehen. Wer eine Reform des Sozialismus bei Fortbestehen der DDR favorisierte, organisierte sich in den achtziger Jahren in kleinen Friedens-, Umwelt- und Menschenrechtsgruppen unter dem Dach der Kirche. Beide »Bewegungen« kamen erst im Spätsommer/Herbst 1989 auf den Massendemonstrationen zusammen und hatten als gemeinsames Ziel die Beseitigung der SED-Diktatur.

Bis zum Herbst 1989 zählte die aktive Opposition nur einige tausend Personen. Deutlich größer war dagegen die Zahl derjenigen, die sich erst passiv verweigerten und im Herbst 1989 demonstrierten. Massendemonstrationen am 6., 7. und 9. Oktober in Plauen, Dresden und Leipzig konnten von den »Sicherheitskräften« nicht mehr gewaltsam aufgelöst werden; das Ende der SED-Herrschaft war in Sicht. Der von der Bevölkerung erzwungene Fall der Mauer läutete schließlich die finale Krise der sozialistischen Diktatur ein.

Trotz massiver Diskriminierung und mitunter sogar Kriminalisierung der Ausreisewilligen stieg deren Zahl beständig an. Zwischen 1962 und 1983 wurden jährlich rund 10 000 Übersiedlungen registriert, von 1984 bis 1988 waren es bis zu 40 000 pro Jahr. Bis zum 30. Juni 1989 erhöhte sich die Zahl der Antragsteller auf rund 125 000. Insgesamt genehmigten die DDR-Behörden zwischen 1961 und dem 7. September 1989 etwa 550 000 Personen die »Entlassung aus der Staatsbürgerschaft der DDR« und damit die Ausreise. Die Mehrzahl von ihnen waren jüngere Männer, die über eine gute Berufsausbildung und eine hohe Arbeitsmotivation verfügten. Vielen von ihnen fiel der Abschied von alten Freunden und der Heimat sicherlich nicht leicht, doch sie stellten ihre Freiheit und die Aussicht auf Wohlstand über die vermeintlich nicht zu ändernden Verhältnisse. Die SED befand sich in einem kaum lösbaren Dilemma: Ließ sie die Ausreisewilligen ohne Behinderung ziehen, würden weitere Personen zur Übersiedlung ermuntert, untersagte sie die Ausreise, würde ihr internationales Ansehen Schaden nehmen und das Protestpotenzial im Innern ansteigen. So entschloss sich die Partei zu einem ›Mittelweg‹: Sie ließ eine kontrollierte und begrenzte Übersiedlung zu, diskriminierte aber gleichzeitig alle Antragsteller, um auf potenzielle Nachahmer abschreckend zu wirken. 1984 glaubte sie, das Problem der Ausreiseantragsteller schlagartig lösen zu können, indem sie 32 000 Personen ausreisen ließ. Damit hatte sie diesen potenziellen Unruheherd zwar verkleinert, aber gleichzeitig weitere DDR-Bewohner motiviert, ebenfalls einen Antrag zu stellen. Erst der Fall der Mauer löste das Ausreiseproblem endgültig.

11.4 Der Sozialismus in den Farben der DDR

Ungeachtet der zunehmenden Krisensignale, der Unzufriedenheit großer Bevölkerungsteile sowie düsterer Prognosen ihrer Wirtschaftsexperten setzte die SED ihren kaum mehr finanzierbaren Kurs der »Einheit von Wirtschafts- und Sozialpolitik« weiter fort, als sie vom neuen sowjetischen Parteichef Michail Gorbatschow zu Reformen und Experimenten aufgefordert wurde. Stattdessen propagierte sie einen »Sozialismus in den Farben der DDR«, der dem sowjetischen Perestroika-Prozess ein eigenes konservatives Modell entgegensetzen wollte.

Da jedoch insbesondere in Polen und Ungarn Gorbatschows Aufforderung aufgenommen und Reformen eingeleitet wurden, isolierte sich die DDR selbst innerhalb der Warschauer-Pakt-Staaten. Die Aufkündigung der »Breschnew-Doktrin«, wonach den einzelnen RGW-Staaten nicht mit Moskau abgestimmte Richtungsänderungen verboten waren, durch Gorbatschow im August 1988 wertete die SED-Führung als reine Propaganda. Ungarn jedoch, das seit einigen Jahren Wirtschaftsreformen durchführte und engere Beziehungen zum Westen anstrebte, lockerte daraufhin Anfang Mai 1989 die Kontrollen an der Grenze zu Österreich. Allerdings durften DDR-Bürger erst ab dem 11. September 1989 über Ungarn nach Österreich ausreisen.

In der Schlussphase der DDR schottete sich die SED nicht nur gegenüber ideologischen Einflüssen aus dem Westen ab, sondern betrieb eine spezielle Abgrenzungspolitik gegenüber der Sowjetunion und anderen ost-mitteleuropäischen Ländern. Mit dem Verbot der sowjetischen Zeitschrift *Sputnik* im November 1988 ging sie erstmals offen gegen den sowjetischen Reformkurs vor. Die Begründung der Partei für das Verbot fiel harsch aus: »Wer den heldenhaften Kampf der deutschen Kommunisten und aller Antifaschisten gegen den Hitler-Faschismus verleumdet, wer die heroische Geschichte der Sowjetunion und ihrer Leninschen Partei verzerrt, wer den Sozialismus schmäht, hat bei uns, ganz gleich, wo er seine Reden hält, seine Artikel schreibt und wo sie gedruckt werden, keinen Platz.«[59]

Gleichzeitig rief die SED-Spitze zur »Reinigung« der Partei auf, um unliebsame Mitglieder, die sich auf Gorbatschow beriefen, loszuwerden. Am 19. Januar 1989 erklärte Erich Honecker: »Die Mauer wird [...] solange bleiben, wie die Bedingungen nicht geändert werden, die zu ihrer Errichtung geführt haben. Sie wird in 50 und auch in

59 Zit. nach: *DeutschlandArchiv*, Nr. 2/89, S. 235.

100 Jahren noch bestehen bleiben, wenn die dazu vorhandenen Gründe noch nicht beseitigt sind.«[60]

In dem Maße, wie sich die Beziehungen zwischen Bonn und Moskau, speziell zwischen Kohl und Gorbatschow, verbesserten, verschlechterte sich das Verhältnis zwischen der DDR und der Sowjetunion. Allerdings war sich die SED-Führung sicher, dass trotz aller Reformversprechen Gorbatschow die DDR nicht preisgeben würde. Doch dies erwies sich bereits knapp zwei Jahre später als verhängnisvolle Illusion.

11.5 Der wirtschaftliche Niedergang

Vgl. Dokument 30, S. 191

Bis Mitte der achtziger Jahre gelang es der DDR, durch eine strikte Importdrosselung und eine Exportoffensive eine außenwirtschaftliche Konsolidierung der DDR-Wirtschaft bei annähernd konstant bleibendem Schuldenstand von rund 24 Mrd. Valuta-Mark zu erreichen. Der Rückgang des Weltmarktpreises für Erdölprodukte 1986 traf die DDR-Wirtschaft allerdings hart und unvermittelt: Der Export von Mineralölerzeugnissen brachte nun deutlich weniger Devisen ein. Hinzu kamen die hohen Kosten für die »Innovationsoffensive«, in deren Mittelpunkt das Mikroelektronik-Programm stand, mit dem die aus Exportrestriktionen des Westens für auch militärisch nutzbare Hightechprodukte resultierenden Probleme gemildert und die Abhängigkeit vom technologischen Niveau und Entwicklungstempo der Sowjetunion verringert werden sollten. Das Vorhaben endete jedoch in einem Fiasko: Der im Jahr 1988 von der DDR mit Kosten von 93 Mark je Stück hergestellte 64-Kbit-Chip war auf dem Weltmarkt für einen Dollar, der mit einem Aufwand von

60 Zit. nach: Ilse Spittmann, »Sozialismus in den Farben der DDR«, in: *DeutschlandArchiv*, Nr. 3/1989, S. 243.

Tabelle 2: Notwendige Arbeitzeit für die Anschaffung ausgewählter Güter in Ostdeutschland (in Arbeitsminuten)

Konsumartikel	**1989**	
Kaffee, 1 kg	701,90	(53,26)
Schnittkäse, 1 kg	116,26	(36,90)
Butter, 1 kg	88,33	(25,89)
Bier, 1 l	19,08	(5,70)
Kartoffeln, 1 kg	2,26	(3,16)
Weizenmehl, 1 kg	12,79	(3,68)
Äpfel, 1 kg	19,97	(8,58)
Südfrüchte/Apfelsinen, 1 kg	43,48	(8,40)
Möhren	6,39	(4,90)
1 kwh Strom	0,79	(1,27)
Straßenbahn-Omnibusfahrt	1,97	(6,26)
Strumpfhose für Damen	123,84	(15,59)
Reglerbügeleisen	389,31	(129,44)
Herrenoberhemd	535,48	(169,82)
Liegesofa/Doppelliegesofa	15.023,70	(2.725,38)
Herren-Quarz-Armbanduhr	1.325,61	(382,98)

Werte in Klammern = Bundesrepublik

Quelle: Joachim Ragnitz [u. a.], *Bestandsaufnahme der wirtschaftlichen Fortschritte im Osten Deutschlands 1989–2008. Gutachten für die Initiative Neue Soziale Marktwirtschaft (INSM)*, S. 40.

534 Mark produzierte 256-Kbit-Chip für zwei Dollar erhältlich.[61]

Im Laufe des Jahres 1989 verschlechterte sich die wirtschaftliche Situation der DDR nahezu wöchentlich bei

61 Vgl. Theo Pirker [u. a.], *Der Plan als Befehl und Fiktion: Wirtschaftsführung in der DDR*, Opladen 1995.

gleichzeitiger Zunahme der Verschuldung. Der Vorsitzende der Zentralen Plankommission, Schürer, teilte im Mai 1989 mit, dass bei fortgesetzter Neuverschuldung die DDR 1991 zahlungsunfähig sein werde. Doch die SED-Führung widersetzte sich weiterhin Einschränkungen in der Sozialpolitik. »Wir sollten jetzt nach vorne sehen. Es ist für uns gar keine Frage, ob die Einheit von Wirtschafts- und Sozialpolitik fortgeführt wird. Sie muß fortgeführt werden, denn sie ist ja der Sozialismus in der DDR!« Mit diesen Worten gab Egon Krenz den Startschuss für den endgültigen Niedergang der DDR-Wirtschaft.[62]

62 Zit. nach: Schroeder (Anm. 12), S. 308.

12. Der Zusammenbruch der DDR und die vergeblichen Rettungsversuche der SED

Der Todeskampf der DDR begann im August 1989. Tausende DDR-Bewohner flohen in die bundesrepublikanischen diplomatischen Vertretungen in Budapest, Warschau, Prag und Ost-Berlin. Ende August entschloss sich die ungarische Regierung zur endgültigen Öffnung der Grenze. Ministerpräsident Memeth und sein Außenminister Horn erklärten Bundeskanzler Kohl bei einem Staatsbesuch in Bonn: »Eine Abschiebung der Flüchtlinge zurück in die DDR kommt nicht in Frage. Wir öffnen die Grenze. Wenn uns keine militärische oder politische Kraft von außen zu einem anderen Verhalten zwingt, werden wir die Grenze für DDR-Bürger geöffnet halten.«[63] Im September/Oktober reisten etwa 50000 DDR-Bewohner über diesen Weg in den Westen aus.

Um die Feiern zum 40. Jahrestag der DDR am 6. Oktober nicht zu gefährden, gestattete die SED-Führung die Ausreise der Botschaftsflüchtlinge aus Prag und Warschau mit Sonderzügen der Reichsbahn. Zur Demonstration ihrer Souveränität und Zuständigkeit wählte sie eine Route über die DDR in die Bundesrepublik. Das war ein fataler Fehler, wurde doch den Ausreisewilligen vor Ort demonstriert, dass es über diesen Umweg möglich war, die DDR zu verlassen.

12.1 Die Entmachtung von Erich Honecker

Unter hohen Sicherheitsvorkehrungen fand am 7. Oktober 1989 die Feier zum 40. Jahrestag der Gründung der DDR statt, mit der Honecker der Weltöffentlichkeit unbeirrt

63 Zit. nach: Helmut Kohl, *Erinnerungen 1982–1990*, München 2005, S. 922.

von Demonstrationen und Massenflucht eine heile Welt vorspielen wollte. Die FDJ organisierte einen Fackelzug und die auf der Ehrentribüne versammelten kommunistischen Führungskräfte nahmen, wie seit Jahrzehnten gewohnt, die Parade ab. Trotz umfassender Vorkehrungen der zuständigen Sicherheitsorgane prägten Misstöne das gespenstisch anmutende Spektakel, denn tausende Demonstranten in Leipzig, Dresden und anderen DDR-Städten forderten in Sprechchören »Freiheit, Freiheit« oder »Gorbi, hilf uns«. Ost-Berlin erlebte die seit Jahrzehnten größte nicht genehmigte Demonstration, die von den »Sicherheitskräften« nur gewaltsam aufgelöst werden konnte. Massenfestnahmen und Berichte über Misshandlungen von Inhaftierten heizten die Stimmung unter der Bevölkerung weiter an.

Der bei der Feier anwesende Gorbatschow mahnte die SED-Führung zur Umkehr, um den neuen Herausforderungen gerecht zu werden, und sprach seine berühmt gewordenen Sätze: »Ich halte es für sehr wichtig, den Zeitpunkt nicht zu verpassen und keine Chance zu vertun. Die Partei muss ihre eigene Auffassung haben, ihr eigenes Herantreten vorschlagen. Wenn wir zurückbleiben, bestraft uns das Leben sofort.«[64] Im Volksmund wurden diese Sätze auf die kurze Formel gebracht: Wer zu spät kommt, den bestraft das Leben. Der sichtlich konsternierte Honecker entgegnete: »Im Zusammenhang mit der Entwicklung des Lebens des Volkes: Vorwärts immer, rückwärts nimmer.«[65]

Die ausgewählten FDJ-Funktionäre, die per Fackelzug an der versammelten Führungsriege und dem sowjetischen Gast vorbeimarschierten und massenhaft »Gorbi, Gorbi« und nur vereinzelt »Erich, Erich« riefen, dokumentierten dem sowjetischen Präsidenten offen, dass die SED-Füh-

64 Zit. nach: Daniel Küchenmeister / Gerd-Rudolf Stephan (Hrsg.), *Honecker – Gorbatschow. Vier-Augen-Gespräche*, Berlin 1993, S. 256.

65 Zit. nach: Küchenmeister/Stephan (Anm. 64), S. 259.

rung nicht einmal mehr auf ihren kommunistischen Nachwuchs setzen konnte.

In Plauen gelang es am 7. Oktober den »Sicherheitskräften« erstmals nicht, eine Massendemonstration aufzulösen, auf der Tausende für Reformen in der DDR, für Reise-, Meinungs- und Pressefreiheit demonstrierten. Einen Tag später kam es in Dresden zu ersten Gesprächen zwischen den Machthabern und der Opposition. Am 9. Oktober schließlich demonstrierten in Leipzig trotz massiver Drohungen der Staatsmacht im Vorfeld mehrere zehntausend Personen gegen die SED-Diktatur. Allerdings schreckte die Partei letztlich vor einem Blutbad zurück. Zwar hatte Honecker einen Tag zuvor in einem Fernschreiben an die ersten Sekretäre der SED-Kreisleitungen befohlen, »weitere Krawalle [...] von vornherein zu unterbinden«[66], ob es jedoch einen direkten Schießbefehl aus Berlin gab, ist bis heute nicht endgültig geklärt. Die Einsatzkräfte beschränkten sich während der Demonstration auf »Objektschutz«, vor allem der MfS-Dienststelle. Das Ausbleiben von Gewalt an diesem Tag hatte mobilisierenden Charakter: Am nächsten Montag, dem 16. Oktober, demonstrierten bereits über 120 000 Menschen in Leipzig. Auch in anderen Städten verlangten Zehntausende die Zulassung der Gruppe »Neues Forum«, freie Wahlen sowie Presse- und Meinungsfreiheit.

Angesichts dieser Lage entschloss sich eine Mehrheit der Politbüro-Mitglieder, angeführt von Egon Krenz und Günter Schabowski, Erich Honecker abzusetzen. Am 17. Oktober stimmte das Politbüro einstimmig der Amtsenthebung Honeckers und der von Günter Mittag und Joachim Herrmann zu und schlug dem ZK Egon Krenz als Honeckers Nachfolger vor.

In der Bevölkerung weckte der alte »Apparatschik«

66 Zit. nach: Helmut Zwahr, *Ende einer Selbstzerstörung*, Göttingen 1993, S. 71.

Egon Krenz wenig Hoffnung; Sympathie schlug ihm schon gar nicht entgegen. Seine Antrittsrede vor dem ZK, die er im DDR-Rundfunk und -Fernsehen am gleichen Abend in wesentlichen Punkten wiederholte, enthielt nur einige Floskeln von der »führenden Rolle der Partei«, die nicht in Frage gestellt werden dürfte. Er appellierte an die »Einheit und Geschlossenheit unserer Partei« und kündigte einen »innenpolitischen Dialog« an.

Außerdem fabulierte er von einer »Wende«, die die SED angeblich eingeleitet und nun zu gestalten habe; dieser Begriff entwickelte sich bis zum heutigen Tag zu einem sprachlichen Topos, der die Liquidation der DDR begleitete. Allerdings war der frühere ZK-Sekretär für Sicherheit wohl der Letzte, der eine Perspektive jenseits des Status quo verkörperte.

12.2 Der Fall der Mauer

Das neue Politbüro verabschiedete am 24. Oktober den Entwurf für ein neues Reisegesetz, das DDR-Bürgern das Recht auf Auslandsreisen auch ohne Vorliegen verwandtschaftlicher Verhältnisse und bisher geforderter Reisegründe garantieren sollte. Eine positive Wirkung auf die Bevölkerung ging hiervon nicht aus, zumal dieser Entwurf erst am 6. November veröffentlicht und sofort kritisiert wurde, weil die Gründe für eine Ablehnung nicht eindeutig und nachprüfbar definiert und die Finanzierung der Reisen ungeklärt waren. In nahezu allen Städten kam es weiterhin zu Massendemonstrationen, auf denen der Rücktritt von Egon Krenz und freie Wahlen gefordert wurden. Allein vom 23. bis zum 30. Oktober wurden 45 Veranstaltungen mit über einer halben Million Teilnehmern registriert. In der nachfolgenden Woche wuchs die Zahl der Demonstranten auf schätzungsweise 1,25 Millionen.

Selbst die in jahrzehntelanger Unterordnung geübten Blockparteien regten sich nun und besannen sich auf ihre Eigenständigkeit. Ein erstes Signal für eine entsprechende Bewegung war bereits der »Weimarer Brief« der CDU vom 10. September 1989, in dem u. a. innerparteiliche Demokratie, ein neues Wahlgesetz und freie Reisemöglichkeiten gefordert wurden.

Nun überstürzten sich die Ereignisse. Am 4. November nahmen in Ost-Berlin Hunderttausende an einer Demonstration teil. SED und MfS versuchten, die Veranstaltung für sich zu nutzen, indem sie weiterhin die Führungsrolle für die – nun gewendete – Partei bei der Modernisierung des Sozialismus proklamierten. Doch eine von ihnen nicht erwartete große Zahl der Demonstranten ließ sich nicht instrumentalisieren und pfiff sowohl den offiziellen SED-Vertreter Schabowski als auch den ehemaligen Spionagechef Markus Wolf, der für eine Reform à la Gorbatschow plädierte, lautstark aus. Prominente »Kulturschaffende« wie Stefan Heym, Christa Wolf und Heiner Müller appellierten gemeinsam mit Bürgerrechtlern und SED-»Reformern« an die DDR-Bevölkerung, sich aktiv an der Veränderung zu beteiligen.

Die SED unter Krenz versuchte, für ihre Partei nun zu retten, was nicht mehr zu retten war. Am 7. November trat der langjährige Regierungschef Stoph zurück; am 8. November wurde das Politbüro neu gewählt. Ihm gehörte als neues Mitglied Hans Modrow an; langjährige Mitglieder, u. a. der Minister für Staatssicherheit Erich Mielke und der Vorsitzende des FDGB, Harry Tisch, schieden aus.

Während die Bundesregierung noch Ende September erwartete, dass SED und MfS die Lage unter Kontrolle bekommen würden, registrierte sie Anfang November eine sich »ändernde Stimmungslage in der DDR-Bevölkerung«. Sie war nur bereit, der DDR zu helfen, wenn ihre Hilfe primär den Menschen und allenfalls sekundär dem Regime zugute käme, wie Helmut Kohl am 8. November anlässlich der Vorstellung des Berichts zur Lage der Nation im geteilten Deutschland vor dem Bundestag betonte.

Eine eher beiläufige Bemerkung des sichtlich überanstrengten Politbüro-Mitglieds Günter Schabowski auf einer Pressekonferenz in Ost-Berlin leitete das letzte Kapitel der DDR-Geschichte ein. Er teilte mit, das ZK habe einen Politbüro-Beschluss zum Reisegesetz bestätigt, nach dem Privatreisen ohne Vorliegen von Voraussetzungen beantragt werden könnten. Auf Nachfrage eines Journalisten erklärte Schabowski, das neue Reisegesetz gelte ab sofort. Tatsächlich aber hätte das Gesetz erst am 10. November veröffentlicht werden und von diesem Tag an das Stellen von Visaanträgen möglich sein sollen.

Vgl. Dokument 23, S. 177

Nachdem die DDR-Nachrichtenagentur ADN um 19.04 Uhr eine entsprechende Pressemitteilung des Ministerrats veröffentlicht hatte, meldeten westliche Nachrichtenagenturen noch in der gleichen Stunde den Wortlaut der neuen Reiseregelung. Als schließlich die Tagesschau der ARD die Meldung »DDR öffnet Grenze« um 20.00 Uhr als Topinformation platzierte, strömten zunehmend Ost-Berliner zu den innerstädtischen Übergängen und forderten die Öffnung der Grenze. Nachdem an den Übergängen Waltersdorfer Chaussee und Bornholmer Straße nur besonders lautstark protestierende Personen im Rahmen einer »Ventillösung« durchgelassen und ohne ihr Wissen ausgebürgert wurden, öffneten schließlich Angehörige der Passkontrolleinheiten des MfS unter dem Druck des Ansturms um etwa 23.30 Uhr den Übergang in der Bornholmer Straße (»Wir fluten jetzt«). In kurzer Zeit passierten tausende Ost-Berliner unkontrolliert die Grenze. Etwas später gingen auch die Schlagbäume an anderen Kontrollpunkten hoch. Nach Mitternacht trafen sich tausende West- und Ost-Berliner auf und an der Mauer am Brandenburger Tor und feierten den Fall der Mauer. Die von der ostdeutschen Bevölkerung erzwungene Öffnung der innerstädtischen Grenze läutete die letzte Runde im Überlebenskampf der SED und ihres Staates ein.

Der schnelle Fall der Mauer überraschte die Menschen in Ost und West ebenso wie die Politiker in aller Welt und setzte Machthaber und Opposition in der DDR gleichermaßen unter Zugzwang. Die SED fürchtete um ihre Macht, die gerade formierte Opposition um ihren Einfluss. Der Cheftheoretiker der SED, Otto Reinhold, brachte die Sorge seiner Partei auf den Punkt: »Ohne die SED hätte es in der Deutschen Demokratischen Republik keinen Sozialismus gegeben, ohne die SED wird es auch in der Zukunft keinen Sozialismus in der Deutschen Demokratischen Republik geben [...]. Ohne Sozialismus in der DDR wird es auf die Dauer keine zwei deutschen Staaten geben.«[67]

Prominente Sprecher des »Neuen Forums« wie Jens Reich und Bärbel Bohley bedauerten ebenfalls den schnellen Fall der Mauer. Sie befürchteten, die breite Masse der DDR-Bevölkerung würde zugunsten des Westens die DDR aufgeben. Tatsächlich besuchten bis zum 20. November über zehn Millionen Ostdeutsche die Bundesrepublik und erfuhren anschaulich, wie groß die Wohlstandsdifferenz zwischen den beiden deutschen Staaten war. Etwa einhunderttausend Menschen verließen die DDR für immer Richtung Westen: Insgesamt waren es 1989 knapp 350 000 Menschen, die der DDR den Rücken kehrten.

12.3 Der wirtschaftliche Offenbarungseid

Erst nach dem erzwungenen Rücktritt von Erich Honecker verdeutlichten zwei Studien den tatsächlichen Zustand der maroden DDR-Wirtschaft. Am 27. Oktober

67 Zit. nach: Gerd-Rüdiger Stephan (Hrsg.), *»Vorwärts immer, rückwärts nimmer«. Interne Dokumente zum Zerfall von SED und DDR 1988/89*, Berlin 1994, S. 19.

Vgl. Dokument 24, S. 178

1989 trug der Leiter der Hauptabteilung XVIII (Volkswirtschaft) des MfS seinen Untergebenen eine Krisenanalyse vor, die wenig Hoffnung ließ.

Diese vom MfS vorgenommene wirtschaftliche Lageeinschätzung deckt sich weitgehend mit der von der AG Zahlungsbilanz für das Politbüro vorgelegten Stellungnahme vom 30. Oktober 1989. In den als »Schürer-Papier« bekannten Ausführungen wird eine »grundsätzliche Änderung der Wirtschaftspolitik der DDR, verbunden mit einer Wirtschaftsreform« gefordert; ein besonderes, kaum zu bewältigendes Problem sei die Verschuldung.

Günter Mittag, seit den sechziger Jahren in maßgeblichen Funktionen für die DDR-Wirtschaft zuständig, zog in einem Spiegel-Interview knapp ein Jahr nach der Wiedervereinigung über die wirtschaftliche Situation in der Endphase der DDR folgende Bilanz: »Man denke nur, angesichts der schwierigen Lage in der Sowjetunion, was heute hier los wäre, wenn es die DDR noch gäbe. Unbeschreiblich. Da läuft es mir heiß und kalt über den Rücken. Mord und Totschlag, Elend, Hunger. Es reißt mir das Herz kaputt. Mein Wunsch ist, Vertrauen in die Zukunft zu schaffen. Das ist wichtig. Jeder Mensch braucht Zuversicht, braucht etwas, woran er sich festhalten kann.« Das knappe Fazit des für den Absturz der DDR-Wirtschaft obersten Verantwortlichen lautete: »Das sozialistische System insgesamt war falsch.«[68]

12.4 Der vergebliche Versuch, die DDR zu retten

Angesichts der anhaltenden Proteststimmung in der Bevölkerung spielte die SED ihre letzte Karte aus: Der Dresdner SED-Chef Hans Modrow, für viele in der Partei

68 *Der Spiegel*, Nr. 37/1991, S. 104.

ein Hoffnungsträger, wurde mit nur einer Gegenstimme in der Volkskammer zum DDR-Ministerpräsidenten gewählt. Vor allem in den Westmedien galt er als »Reformer«, wiewohl er sich nicht mit kritischen Äußerungen gegenüber der alten Führung hervortat. In der von ihm gebildeten Koalitionsregierung besetzten – wie gehabt – SED-Kader die Schlüsselressorts und stellten die Mehrheit im Kabinett. Modrow versuchte in den nächsten Wochen und Monaten vor allem, die Existenz einer reformierten DDR zu sichern. Im Kampf für den Erhalt der Eigenstaatlichkeit begegneten sich kurzzeitig oppositionelle und alte Kräfte als Vertreter beider Richtungen, die den am 28. November veröffentlichten Aufruf »Für unser Land« unterzeichneten, der die »Eigenständigkeit der DDR« forderte und sich gegen einen »Ausverkauf unserer materiellen und moralischen Werte« aussprach.

Vgl. Dokument 25, S. 184

Aber das Volk hatte inzwischen schon einen anderen Weg eingeschlagen: Auf der Leipziger Montagsdemonstration vom 27. November überwogen Parolen, die eine Vereinigung Deutschlands forderten.

Modrows Forderungen nach umfangreichen finanziellen Hilfen von der Bundesrepublik, ohne die die DDR weder wirtschaftlich noch sozial überlebensfähig sei, wurden von der Bundesregierung zurückgewiesen. Diese knüpfte mögliche Transfers an weitreichende Veränderungen in der DDR, zu denen auch die gewendete SED nicht bereit war. So konzentrierte sich die Regierung Modrow neben der Sicherung von Privilegien verdienter SED-Funktionäre auf die Einbindung der Opposition am zentralen Runden Tisch, an dem Vertreter der etablierten Parteien und der Regierung sowie der Oppositionsgruppen Vorschläge für die weitere Entwicklung erarbeiteten.

Bereits unmittelbar nach dem Mauerfall hatten Mitarbeiter des MfS auf Anweisung von oben begonnen, Akten zu vernichten. Diese »Arbeit« setzten sie mehr oder weniger intensiv und geheim bis zur Wiedervereinigung im Oktober 1990 fort und begannen gleichzeitig, sich auf das Leben in einer anderen Gesellschaftsordnung vorzubereiten. Aus den wenigen bekannten und veröffentlichten Materialien lässt sich zumindest in Umrissen das Schema der Vorgehensweise erkennen: Mitarbeiter wurden in zivile Dienststellen umgesetzt; sie »privatisierten« Ressourcen ihres Ministeriums und zahlten hohe Abfindungen, wie eine Besprechung von leitenden MfS-Mitarbeitern aus dem Bezirk Karl-Marx-Stadt (heute: Chemnitz) belegt, die die Strategie des MfS detailliert aufzeigt.

Vgl. Dokumente 26, 27, S. 186, 187

Obschon Modrow bei seinem Versuch, das MfS durch Umbenennung zu retten, Unterstützung von der CDU bekam, deren Vertreter Lothar de Maizière betonte, »[...] daß kein Staat auf ein Sicherheitsorgan im Sinne von Nachrichtendienst und Abschirmdienst verzichten kann«,[69] musste er schließlich auf Druck oppositioneller Aktivisten am 12. Januar 1990 die Auflösung dieses Unterdrückungsapparates bekanntgeben.

Die sich nach dem Fall der Mauer ausdifferenzierende Opposition ließ sich von Modrow und der SED im Januar 1990 in eine »Regierung der nationalen Verantwortung« einbinden. Ihre Machtbeteiligung sollte die Bevölkerung beruhigen und gleichzeitig der Bundesregierung in Bonn ihre Ablehnung finanzieller Unterstützung erschweren. Doch das Gegenteil traf ein: Die Teilnehmer der Leipziger Montagsdemonstrationen reagierten auf die am 28. Januar vereinbarte Regierungsbeteiligung mit der vieltausendfachen Forderung nach sofortiger Wiedervereinigung; die Regierung Kohl ließ sich auch jetzt nicht zu

69 Zit. nach: Uwe Thaysen, »Der Runde Tisch und die Entmachtung der SED. Widerstände auf dem Weg zur freien Wahl«, in: *Materialien der Enquete-Kommission »Aufarbeitung von Geschichte und Folgen der SED-Diktatur in Deutschland«*, hrsg. vom Deutschen Bundestag, Baden-Baden 1995, S. 1753.

einer Finanzspritze für die in Auflösung begriffene DDR bewegen.

Zwar schlug der Versuch Modrows, durch finanzielle Hilfen Bonns die SED-Herrschaft zu stabilisieren oder zumindest ihre Lebensdauer zu verlängern, fehl, aber andere Maßnahmen seiner beiden Regierungen wirkten über das Ende der DDR hinaus. Insbesondere nach der Einbindung der Opposition in die Regierung und der damit einhergehenden Neutralisierung, wenn nicht gar Instrumentalisierung des Zentralen Runden Tisches für die SED-Politik, erließ die Regierung Gesetze und Anordnungen mit weitreichenden politischen, ökonomischen und sozialen Folgen, die von der nachfolgenden demokratisch gewählten CDU/SPD-Koalition unter de Maizière nahezu alle übernommen und zum größten Teil in den Einigungsvertrag eingebracht wurden.

Die drei wohl wichtigsten »fortwirkenden Maßnahmen« der Modrow-Regierung, die als Hypotheken den Vereinigungsprozess bis heute belasten, waren:

1. Mit der »Verordnung zur Arbeit mit Personalunterlagen« vom 22. Februar 1990 war es allen öffentlich Beschäftigten – einschließlich der MfS-Mitarbeiter – und auch der Nomenklatur erlaubt, ihre Kaderakte eigenhändig zu säubern.

2. Aufgrund der Grundstücksgesetze, des Gesetzes über die Übertragung volkseigener landwirtschaftlicher Nutzungsflächen in das Eigentum von LPG und des Gesetzes über den Verkauf volkseigener Gebäude, die alle Anfang März 1990 verabschiedet wurden, kauften viele ehemalige SED-Funktionäre und andere Verantwortungsträger der Diktatur zu einem »Schnäppchenpreis« Grundstücke und Häuser. Insgesamt dürften etwa 300 000 Personen von diesen Erlassen profitiert haben.

3. Die Tabuisierung der Kennzeichnung der DDR als Diktatur blieb nicht ohne Auswirkungen auf den Vereinigungsprozess. Modrow kann sich das Verdienst zurech-

nen, das ganze Ausmaß des totalitären sozialistischen Systems und die persönliche Rolle führender SED-Funktionäre verschleiert und verharmlost und sogar Teile der Opposition hierfür eingespannt zu haben.

12.5 Die Wende der SED

Im Dezember 1990 gab sich die SED ein neues personelles und programmatisches Gesicht. Der aus altem »SED-Adel« stammende Rechtsanwalt Gregor Gysi, der für einen »dritten Weg jenseits von stalinistischem Sozialismus und Herrschaft transnationaler Monopole« plädierte, wurde neuer Vorsitzender. Die Partei nannte sich in SED-PDS (Partei des Demokratischen Sozialismus) um – der Namenszusatz symbolisierte freilich eher die Absicht zum Wandel als einen tatsächlichen Bruch mit der Vergangenheit. Der Verzicht auf Auflösung und Neugründung einer sozialistischen Partei erfolgte in erster Linie mit Rücksicht auf die Besitzansprüche der alten Staatspartei. Die Kritik an der Politik der SED verlief in ruhigen Bahnen, verurteilt wurden vor allem Auswüchse des »Stalinismus«. Gleichzeitig sprach sich die Partei ausdrücklich gegen die deutsche Vereinigung und für den Fortbestand einer sozialistischen DDR aus. Das Vertrauen vieler SED-Mitglieder war indes nicht mehr vorhanden: Zwischen dem 18. Oktober und dem 24. November 1989 verließen 220 000 Genossen ihre Partei. Bis zum Februar 1990 reduzierte sich die »Avantgarde der Arbeiterklasse« von ursprünglich 2,3 Mio. auf rund 700 000 Mitglieder.

In der kurzen Zeit zwischen November 1989 und Ende Januar 1990 verlor die SED-PDS nahezu alles, was sie früher charakterisierte. Nicht nur liefen ihr die Mitglieder in Scharen davon, auch die monopolistische Beherrschung von Gesellschaft und Staat ließ sich nicht mehr durchsetzen. Sie war eine politische Kraft unter anderen geworden.

Auf ihrem Parteitag im Februar 1990 trug sie den gewandelten Bedingungen Rechnung und distanzierte sich gleichzeitig äußerlich von ihrer eigenen Vergangenheit, indem sie sich fortan nur noch PDS nannte. In ihrem weitgehend allgemein gehaltenen Programm bezeichnete sie sich als »sozialistische Partei auf deutschem Boden«. Bei den ersten und einzigen freien Wahlen zur DDR-Volkskammer erhielt sie bei einer Wahlbeteiligung von über 90 % 16,4 % der Stimmen. Diese knapp 2 Mio. Wähler, die ihre Stimme der ehemaligen DDR-Staatspartei gaben, entsprachen in etwa der Zahl der Personen, die den SED-Staat mehr oder weniger aktiv getragen hatten.

12.6 Der Weg zur Wiedervereinigung

Bereits Anfang des Jahres 1990 war der Zerfall staatlicher Strukturen in der DDR nicht mehr zu übersehen; der wirtschaftliche Niedergang spitzte sich dramatisch zu. Die geringe Produktivität der Wirtschaft ließ sich immer weniger verbergen, die Verantwortlichen mussten um die Konkurrenzfähigkeit der meisten Betriebe bei offenen Märkten fürchten. Nach wie vor verließen mehrere tausend Menschen täglich das Land. Der Massenexodus erfasste vor allem junge, relativ gut qualifizierte Personen, die an ihren Arbeitsplätzen spürbare Lücken hinterließen. Hinzu kam der überraschende und zuweilen abstoßende Konsumtourismus vieler Bundesbürger, die sich mit den hoch subventionierten Nahrungsmitteln eindeckten. Beides trug zu Versorgungsengpässen bei; die DDR-Wirtschaft stand Anfang des Jahres 1990 unmittelbar vor dem endgültigen Zusammenbruch.

Angesichts anhaltender Demonstrationen und der auf Wiedervereinigung zielenden Politik der Bundesrepublik versuchten die systemtragenden Kräfte, aber auch Teile der Opposition einen Befreiungsschlag, indem sie bereits für den März eine Wahl zur Volkskammer ansetzten. Sie erhofften sich hiervon eine Mehrheit für die SPD – wie Demoskopen voraussagten – und eine starke PDS. Doch die Bevölkerung entschied anders: Die von der CDU geführte »Allianz für Deutschland«, die in ihrem Wahlkampf eine schnelle Wiedervereinigung propagierte, erreichte knapp die Hälfte der Stimmen, die SPD landete abgeschlagen bei knapp 22 % und die ehemaligen Oppositionsgruppen kamen nur auf etwa 5 %. Letzter Ministerpräsident der DDR wurde der Vorsitzende der DDR-CDU, Lothar de Maizière.

Die Wahlentscheidung fiel weniger aufgrund eines ausgeprägten programmatischen Profils der jeweiligen Partei oder einer bestimmten Vorliebe für prominente Politiker, sondern resultierte aus den persönlichen Zielsetzungen der Wähler, die sich für die Partei entschieden, die ihrer jeweiligen Einstellung und Perspektive am ehesten entsprach. Im Vordergrund des Interesses standen die deutsche Vereinigung, die fast 90 % aller Wähler befürworteten, sowie die von einem ähnlich hohen Prozentsatz favorisierte Einführung der D-Mark.

Der neue, von einer breiten Koalition getragene Ministerpräsident Lothar de Maizière kündigte in seiner Regierungserklärung eine schnelle Einheit an – unter guten, vernünftigen und zukunftsfähigen Rahmenbedingungen. Gemäß dieser Leitlinie versuchte er bei den Verhandlungen um die Wirtschafts- und Währungsunion, vor allem den Einbezug sozialer Aspekte. Dieses Vorhaben gelang ihm durch den schließlich gewählten Modus der Währungsumstellung und durch die anfänglich vom Westen verweigerte Aufnahme des Terminus Sozialunion als drittes gleichberechtigtes Glied in den Titel des Vertrages. Letzteres war mit erheblichen finanziellen Konsequenzen verbunden.

Nachdem vereinbart worden war, die Löhne und Renten im Verhältnis 1:1 und die Sparguthaben gestaffelt je nach Guthaben zwischen 1:1 und 1:2 umzutauschen, wurde am

1. Juli 1990 die D-Mark in der DDR eingeführt. Aus rund 200 Mrd. DDR-Mark wurden etwas über 130 Mrd. D-Mark, was einem Umtauschverhältnis von etwa 1,6:1 entsprach. Bei der Währungsumstellung der Sparguthaben stellte sich heraus, dass 10 % der Konteninhaber etwa 60 % der Sparguthaben besaßen; die Vermögensungleichheit war also ähnlich wie in der Bundesrepublik, jedoch in der DDR öffentlich nicht bekannt.

Mit einer breiten Mehrheit von 294:62 Stimmen bei 7 Enthaltungen beschloss die Volkskammer am 23. August 1990 den Beitritt zur Bundesrepublik gemäß Artikel 23 des Grundgesetzes. Gegen die Wiedervereinigung auf der vereinbarten Grundlage stimmten PDS und Bündnis 90. Der erklärte Vereinigungsgegner Gregor Gysi konstatierte nach der Abstimmung wehmütig: »Das Parlament hat soeben nicht mehr und nicht weniger als den Untergang der DDR zum 3. Oktober beschlossen.«[70]

Nach der Verabschiedung eines zweiten Staatsvertrages, der die rechtlichen und institutionellen Grundlagen der Wiedervereinigung regelte, dem erfolgreichen Abschluss der Zwei-plus-Vier-Verhandlungen und dem Zugeständnis des sowjetischen Präsidenten Gorbatschow, dem wiedervereinigten Deutschland die Integration in die NATO zu erlauben, wurde die DDR am 3. Oktober 1990 Geschichte.

70 Zit. nach: Volker Gransow / Konrad Jarausch, *Die deutsche Vereinigung. Dokumente zur Bürgerbewegung, Annäherung und Beitritt*, Köln 1991, S. 102.

13. Kennzeichen der SED-Herrschaft

Unter dem Schutz der sowjetischen Besatzungsmacht existierte die sowjetische Besatzungszone bzw. DDR gut 45 Jahre. Sie prägte das Leben von Millionen Menschen – im Guten wie im Schlechten. Auch wer nicht mit der SED und anderen staatstragenden Kräften sympathisierte, musste sich angesichts der Erfahrungen mit der blutigen Niederschlagung des Volksaufstands vom Juni 1953 und dem Bau der Mauer im August 1961 mit den realen Verhältnissen in der DDR arrangieren. Zwischen der obersten Parteiführung der SED, die unterhalb der sowjetischen Dominanz über eine nahezu unbegrenzte und unbeschränkte Macht verfügte, und der breiten Masse der Bevölkerung gab es Millionen Menschen, die in verschiedenen Funktionen den SED-Staat über lange Jahrzehnte zumindest nach außen hin stabilisierten. Nach dem Fall der Mauer und der Ablehnung der Sowjetunion, ihr Militär gegen Demonstranten einzusetzen, war die DDR schnell am Ende. Die Faktoren, die neben Gewaltandrohung und Zwang ihre Existenz gesichert hatten, waren für sich genommen zu schwach, um das Überleben dieses deutschen (sozialistischen) Teilstaates zu sichern.

13.1 Umsetzung und Grenzen des kommunistischen Machtanspruchs

Auch wenn Herrschaftsformen und -instrumente im Laufe der vierzigjährigen Existenz des SED-Staates wechselten oder sich veränderten, verfestigte sich der Herrschafts- und Gestaltungsanspruch der SED zumindest bis in das Jahr 1989 hinein. Die vollständige Lenkung und Kontrolle von Staat und Gesellschaft durch die Partei vollzog sich dabei auf folgenden Ebenen:

- In der nach dem Prinzip des »demokratischen Zentralismus« aufgebauten SED herrschten die Parteiführung und ihr zentraler Apparat über alle Parteigliederungen, wobei nachgeordnete Instanzen die Beschlüsse der Zentrale und der übergeordneten Gliederung in ihrem Bereich umzusetzen hatten. Durch Bezugnahme auf den Marxismus-Leninismus erklärte sich die Parteiführung zum Gralshüter von Wahrheit und »gesellschaftswissenschaftlicher« Erkenntnis und entzog sich damit jeglicher Kritik. Die Basis blieb einem strengen Kontroll- und Disziplinierungsregiment unterworfen, so dass jede Form innerparteilicher Kritik verhindert und unterbunden wurde. Die Besetzung von Schlüsselpositionen in der Partei erfolgte durch die engere Parteiführung, die sich gewissermaßen selbst rekrutierte und »kontrollierte«.
- Der zentrale Parteiapparat der Kommunistischen Partei sowie seine regionalen Gliederungen waren den staatlichen und gesellschaftlichen Leitungs- und Abteilungsstrukturen vorgelagert. Der Parteiapparat leitete die staatlichen und gesellschaftlichen Institutionen an und kontrollierte sie gleichzeitig. Die Beschlüsse der Partei hatten für alle staatlichen Instanzen und gesellschaftlichen Institutionen verbindlichen Charakter. Der Parteiapparat konnte zu jeder Zeit korrigierend in den Ablauf staatlicher Politik eingreifen.
- Durch die weitgehende Verstaatlichung der Wirtschaft konnte die Parteiführung unkontrolliert über alle ökonomischen Ressourcen des Landes verfügen. Sie schuf hierüber Anreiz- und Sanktionsmechanismen, die dem Aufbau und der Konsolidierung der sozialen Basis ihrer Macht dienten.
- Die Besetzung aller wichtigen Leitungsfunktionen in Staat, Wirtschaft und wichtigen gesellschaftlichen Organisationen erfolgte nach einem Nomenklatursystem, das der Partei einen direkten personellen Zugriff gestattete.

Über die Aufnahme in die oberste Funktions- und Machtelite der DDR bestimmte die engere Parteiführung selbst. Ansonsten praktizierte die SED ihre Kaderauswahl und -politik durch ein mehrstufiges und hierarchisiertes System, in dem aber die jeweils zuständige Parteiinstanz immer die letzte Entscheidung traf.

- In allen staatlichen Verwaltungen, wichtigen Betrieben, gesellschaftlichen Institutionen etc. existierten Parteiorganisationen und -gruppen, deren Leitung eine gesonderte Kontrollfunktion und zum Teil auch die direkte Führungsrolle einnahm. Außerdem waren SED-Mitglieder nie zuerst ihrem Vorgesetzten zur Loyalität verpflichtet, sondern immer vorrangig der Parteidisziplin unterworfen.
- Durch ein umfassendes Berichts- und Informationswesen sowie die Arbeit des MfS verschaffte sich die Parteiführung einen zusätzlichen Überblick, der ihr als Grundlage für weitere Eingriffsmöglichkeiten diente.

Die Durchsetzung der Parteimacht konnte letztlich nur erfolgen, weil die SED-Führung über einen umfangreichen Sicherheits- bzw. Unterdrückungsapparat verfügte – in den achtziger Jahren waren ungefähr eine dreiviertel Million Menschen haupt- oder nebenberuflich in diesem Bereich beschäftigt[71] – und über die Verwendung aller gesellschaftlichen und wirtschaftlichen Ressourcen bestimmen konnte. Damit besaß sie ein über das Materielle hinausgehendes Anreiz- und Sanktionssystem, das unter den gegebenen Bedingungen die Existenz der DDR und ihre scheinbare Stabilität bis 1989 sicherte.

Angesichts des beträchtlichen Repressionspotenzials musste sich die seit 1961 in ihrem Land eingesperrte Bevölkerung auf die eine oder andere Weise mit den Verhältnissen arrangieren. Offener Widerstand und Opposition blie-

71 Vgl. Torsten Dietrich [u. a.] (Hrsg.), *Im Dienste der Partei. Handbuch der bewaffneten Organe der DDR*, Berlin 1998.

ben von 1961 bis 1989 randständig, die Verweigerung zumindest in der Breite trug eher Züge von Passivität und Doppelmoral. Da die Bevölkerung davon ausgehen musste, dass die Sowjetunion die DDR nicht aus ihrem Machtbereich entlassen und der Westen weiterhin den Status quo akzeptieren würde, gab es subjektiv gesehen ohnehin keine realistische Alternative zum realen Sozialismus. Doch Ruhe und Stabilität erwiesen sich als trügerisch; sobald die Grenzen durchlässiger wurden, entlud sich das über Jahrzehnte aufgestaute Protest- und Enttäuschungspotenzial. Überrascht von der Wucht der Ereignisse im Sommer/Herbst 1989 blieben den herrschenden Kommunisten nur der überstürzte Rückzug und die Preisgabe der Macht, da sie sich nicht einmal mehr ihrer Befehlsgewalt gegenüber den Repressionskräften sicher sein konnten. Entlassen aus dem sowjetischen Imperium, konnte die DDR keine eigene Identität mehr gewinnen, zumal eine Fortsetzung des Sozialismus, auch in modernisierter oder reformierter Form, für die Mehrheit der Bevölkerung unattraktiv war. Die von der sowjetischen Besatzungsmacht aufgezwungene und von der SED über Jahrzehnte aufrechterhaltene Diktatur stieß mit dem Fall der Mauer an ihre Grenze: die Sehnsucht der Menschen nach Freiheit und Wohlstand.

Die Machtpotenziale des sozialistischen Staates und der sie lenkenden und kontrollierenden Partei – Gewaltapparat, ökonomische Verfügungs- und ideologische Interpretationsmacht sowie die Loyalität der sozialistischen Dienstklasse – waren erschöpft und seine Herrschaftsinstrumente ohne Gewaltandrohung wirkungslos, so dass das geöffnete Ventil öffentlicher Räume die im Verborgenen gewachsenen Kräfte freisetzte. Diese zielten zuerst auf den Sturz der (spät)totalitären sozialistischen Diktatur und sodann auf die schnelle Wiedervereinigung.

Die sozialistische DDR scheiterte an dem unaufhebbaren Widerspruch zwischen dem totalitären Gestaltungs- und Machtwillen der SED-Führung und den unzureichenden Entwicklungspotenzialen einer hiervon gefesselten und blockierten Industriegesellschaft. Der totalitäre Kern der SED-Diktatur barg den Keim des Niedergangs und Untergangs in sich, hieran konnten auch die sich wandelnden Herrschaftsformen und die Sozialpolitik nichts ändern.

Teil B
Dokumente

Hinweis: An einigen Stellen weisen die Originaldokumente Schwärzungszeichen auf, wo Namen unkenntlich gemacht werden sollten.

Auf Textkürzungen des Herausgebers wird durch Auslassungspunkte hingewiesen.

Dokument 1

Nachkriegsplanungen der KPD vom März 1944

[...]

Alle unsere zentralen Programmlosungen können und dürfen deshalb nur ausgerichtet sein auf den Sturz des Faschismus, die Niederringung der aggressiven imperialistischen Kräfte und die Erkämpfung der bürgerlichen Demokratie als die Herrschaft des Volkes.

Diese politische Linie ist auch vom innerdeutschen Standpunkt deshalb richtig, weil unser Ziel nach wie vor sein muß, die deutsche *Bourgeoisie zu spalten* und den einen Teil in die *nationale Front zu ziehen*.

[...]

Reaktionäre Kreise in England und in den Vereinigten Staaten wollen Deutschland unter ihre imperialistische Kontrolle bringen. Sie werden dabei von gewissen Liberalen unterstützt, die sagen: »Schaffen wir einen Westplan, der anziehender sein muß als der Ostplan der Sowjetunion.« Aber in Deutschland sehen *einsichtige bürgerliche* Kreise auch, daß die deutsche Industrie und der Handel *nur noch einmal* in einem unabhängigen Deutschland *blühen können*.

Durch die Politik der Engländer und Amerikaner und durch das Unabhängigkeits*streben* der fortschrittlichen Kreise im Lager der deutschen Bourgeoisie wird das Problem Ost- oder Westorientierung aufgeworfen. Auch in der Kriegsgefangenschaft spiegelt sich das schon wider. Die deutsche Bourgeoisie wird durch dieses Problem gespalten. Diesen Riß müssen wir geschickt vertiefen und zu einem Kompromiß ausnutzen, ohne das Bündnis der drei Staaten zu stören. Um diesen Riß heute im Lager der deutschen Bourgeoisie zu vertiefen, sollten wir immer darauf hinweisen, daß Deutschland im friedlichen Handel mit der Sowjetunion nicht nur Rohstoffe und Lebensmittel erhalten könnte – sondern auch in Rußland einen breiten aufnahmefähigen Markt [findet]. Das wollte die Reaktion nicht. Sie wollte *Eroberungen* und hat das Unglück über Deutschland gebracht.

Wir stellen nicht die Frage so: Ost- oder Westorientierung? Wir sagen: Frieden und Freundschaft mit allen Nachbarn und besonders enge Freundschaft mit der Sowjetunion.

Wir müssen uns heute schon darauf einstellen, daß das Problem enge Freundschaft mit der Sowjetunion *morgen* noch viel mehr ein Problem der *Lebensexistenz* des deutschen Volkes und Deutschlands ist und daß das noch viel schärfer als Scheidelinie zwischen Reaktion und Fortschritt hervortritt als heute.

Das Problem ist heute schon nicht mehr nur eine Klassenfrage, sondern eine nationale Frage.

Damit wird auch näher zum Kriegsende hin das Problem: dieser oder jener Friede – aufgeworfen.

Wir [müssen?] deshalb gegenüber der Reaktion in Deutschland betonen:

Jeder Friede mit Abgrenzung gegen die Sowjetunion ist ein Friede gegen Deutschland. Jeder Friede mit aktiver Teilnahme der Sowjetunion ist kein Versailler Vertrag. Das erlaubt uns, die Mehrheit des Volkes auf der fortschrittlichen Plattform gegen die Volksfeinde in Deutschland zusammenzuschließen.

Die reaktionären Kreise in England und in den Vereinigten Staaten werden uns diese Politik nicht leichtmachen. Sie werden darauf hinarbeiten, daß ihre Regierungen mit Speck und Krediten, mit geringen Reparationsforderungen nach Deutschland gehen, um unserem Volk die *Westorientierung* schmackhaft zu machen und um es mit Hilfe der deutschen Reaktion doch wieder gegen die Sowjetunion zu *mißbrauchen*.

[...]

Wir müssen uns darüber klar sein: Ein unabhängiges Deutschland kann nach der Kriegsniederlage nur ein solches demokratisches Deutschland sein, in dem das Volk tatsächlich imstande ist, die reaktionären und die Nation verratenden Kräfte im Zaum zu halten oder zu vernichten.

[...]

Disposition über Wiederaufbau der Partei heute und morgen.

1) Deutschland ohne starke *KP* ist eine Gefahr für die Sowjetunion.
   Beweis: Weimarer Republik, Faschismus, Polen.
2) Deutschland ohne eine starke KP ist ein *Spielball* für reaktionäre fremde Interessen, für fremde Imperialisten.
   Beweis: bis München, Polen, Rumänien, Finnland, Ungarn.
3) Deutschland ohne starke KP wird immer imperialistisch oder eine Halbkolonie sein. Daher wird Deutschland ohne starke KP in der Zukunft für die Bauern Fronarbeit, für die Arbeiter Sklavenarbeit sein.
4) Deutschland ohne starke KP wird niemals feste Brücken zur Arbeiterklasse anderer Länder finden, die gerade das deutsche Proletariat so notwendig braucht.

Wenn das klar ist, dann steht die Frage – die KP Deutschlands muß heute beginnen zu *führen* – und hat faktisch begonnen – und darf nicht die Geführte werden von anderen Kräften.

[...]

Dokument 2

SMAD-Befehl Nr. 2 zur Zulassung von Parteien vom 10. Juni 1945

Am 2. Mai dieses Jahres wurde die Stadt Berlin von den Sowjettruppen besetzt. Die Hitlerarmeen, die Berlin verteidigten, kapitulierten, und einige Tage später unterzeichnete Deutschland die Urkunde über die bedingungslose militärische Kapitulation. [...] Vom Augenblick der Besetzung Berlins durch die Sowjettruppen an wurde auf dem Gebiet der Sowjetischen Okkupationszone in Deutschland feste Ordnung hergestellt, die städtischen Organe der Selbstverwaltung organisiert und notwendige Bedingungen für die freie gesellschaftliche und politische Tätigkeit der deutschen Bevölkerung geschaffen.

Zu Vorstehendem BEFEHLE ICH:

1. Auf dem Territorium der Sowjetischen Okkupationszone in Deutschland ist die Bildung und Tätigkeit aller antifaschistischen Parteien zu erlauben, die sich die endgültige Ausrottung der Überreste des Faschismus und die Festigung der Grundlage der Demokratie und der bürgerlichen Freiheiten in Deutschland und die Entwicklung der Initiative und Selbstbetätigung der breiten Massen der Bevölkerung in dieser Richtung zum Ziel setzen.

2. Der werktätigen Bevölkerung in der Sowjetischen Okkupationszone in Deutschland ist das Recht zur Vereinigung in freien Gewerkschaften und Organisationen zum Zweck der Wahrung der Interessen und Rechte der Werk-

tätigen zu gewähren. Den gewerkschaftlichen Organisationen und Vereinigungen ist das Recht zu gewähren, Kollektivverträge mit den Arbeitgebern zu schließen sowie Sozialversicherungskassen und anderen Institutionen für gegenseitige Unterstützung, Kultur-, Bildungs- und anderen Aufklärungsanstalten und -organisationen zu bilden.

3. Alle in den Punkten 1 und 2 genannten antifaschistischen Parteiorganisationen und freien Gewerkschaften sollen ihre Vorschriften und Programme der Tätigkeit bei den Organen der städtischen Selbstverwaltung und beim Militärkommandanten registrieren lassen und ihnen gleichzeitig die Listen der Mitglieder ihrer führenden Organe geben.

4. Es wird bestimmt, daß für die ganze Zeit des Okkupationsregimes die Tätigkeit aller in Punkt 1 und Punkt 2 genannten Organisationen unter der Kontrolle der Sowjetischen Militärischen Administration und entsprechend den von ihr gegebenen Instruktionen vor sich gehen wird. [...]

Der Oberste Chef der Sowjetischen Militärischen Administration
Marschall der Sowjetunion ***G. K. Shukow***
Der Stabschef der Sowjetischen Militärischen Administration
Generaloberst ***W. W. Kurasow***

Dokument 3

Telegramm zur Gründung der DDR von Stalin an Pieck und Grotewohl vom 13. 10. 1949

[...]

Die Bildung der friedliebenden Deutschen Demokratischen Republik ist ein Wendepunkt in der Geschichte Europas. Es unterliegt keinem Zweifel, daß die Existenz eines friedliebenden demokratischen Deutschlands neben dem Bestehen der friedliebenden Sowjetunion die Möglichkeit neuer Kriege in Europa ausschließt, die Blutvergießen in Europa beendet und die Versklavung der europäischen Länder durch die Weltimperialisten unmöglich macht. Die Erfahrung des letzten Krieges hat gezeigt, daß das deutsche und das sowjetische Volk in diesem Kriege die größten Opfer gebracht haben, daß diese beiden Völker in Europa die größten Potenzen zur Vollbringung großer Aktionen von Weltbedeutung besitzen. Wenn diese beiden Völker mit gleicher Anspannung der Kräfte ihre Entschlossenheit bekunden werden, für den Frieden zu kämpfen, mit der sie den Krieg führten, so kann der Friede in Europa als gesichert betrachtet werden.

[...]

Dokument 4

Grundsätze und Ziele der Freien Deutschen Jugend (FDJ) von 1952

1. Die Freie Deutsche Jugend ist eine einheitliche, unabhängige, demokratische Organisation, die auf freiwilliger Grundlage die breiten Schichten der Jugend in Stadt und Land vereinigt und erzieht mit dem Ziel, den Interessen des deutschen Volkes zu dienen.
2. Die Freie Deutsche Jugend kämpft unermüdlich und entschlossen für die ständige Festigung der demokratischen Ordnung der Deutschen Demokratischen Republik, für ein einheitliches, unabhängiges, demokratisches und friedliebendes Deutschland, für die Herbeiführung eines gerechten Friedens. Deshalb ist sie ein entschiedener Gegner der Wiederaufrichtung des deutschen Imperialismus und Militarismus und gegen die Verwandlung Westdeutschlands in eine Aggressionsbasis zum Krieg

gegen die friedliebenden Völker durch die ausländischen Bank- und Industrieherren.

3. Die Freie Deutsche Jugend steht fest im Lager des Friedens, der Demokratie und des Sozialismus, an dessen Spitze die große sozialistische Sowjetunion steht.
Sie tritt für die unverbrüchliche Freundschaft zur Sowjetunion ein, die die wahren Interessen des deutschen Volkes unbeirrbar vertritt und unser Aufbauwerk uneigennützig unterstützt.
Die Freie Deutsche Jugend erzieht die Jugend im Geiste des Fortschritts, der Liebe und Treue zur Deutschen Demokratischen Republik und der brüderlichen Verbundenheit mit den demokratischen Kräften der ganzen Welt.
Sie kämpft in den Reihen der Nationalen Front des demokratischen Deutschlands und anerkennt die führende Rolle der Arbeiterklasse und der großen Sozialistischen Einheitspartei Deutschlands auf allen Gebieten des demokratischen Aufbaus in der Deutschen Demokratischen Republik und im Kampf für ein einheitliches, unabhängiges, demokratisches und friedliebendes Deutschland.
[...]

Dokument 5

Definition des sozialistischen Rechts

a) Das sozialistische Recht ist in der Etappe der Diktatur des Proletariats Willensausdruck der Arbeiterklasse, die von ihrer marxistisch-leninistischen Partei geführt wird und im Bündnis mit den werktätigen Bauern beziehungsweise der Klasse der Genossenschaftsbauern sowie anderen Schichten die Macht ausübt. In der Etappe des Staates des ganzen Volkes verkörpert das Recht den Willen des von der Arbeiterklasse und ihrer marxistisch-leninistischen Partei geführten ganzen Volkes. Der Willensinhalt des Rechts ist letztlich in den jeweiligen materiellen Lebensbedingungen der Klassen und Schichten, die Träger der sozialistischen Staatsmacht sind, begründet.

b) Das sozialistische Recht entspricht zunehmend exakt den Erfordernissen der Ausnutzung der objektiven gesellschaftlichen Gesetze. Es ist ein wichtiges politisch-staatliches Instrument der planmäßigen Gestaltung der sozialistischen und kommunistischen Gesellschaft.

c) Das sozialistische Recht verankert die sozialistischen und kommunistischen Errungenschaften. Es schützt die sozialistischen und kommunistischen Gesellschaftsverhältnisse in allen Lebensbereichen, es sichert und fördert deren Entwicklung.

d) Das sozialistische Recht ist Ausdruck und Instrument einer bewußt organisierten Gesellschaft. Es dient der Entwicklung der bewußten Disziplin und des Verantwortungsbewußtseins der Mitglieder der sozialistischen Gesellschaft.

e) Das sozialistische Recht ist ein System allgemeinverbindlicher Verhaltensregeln (Normen), die vom sozialistischen Staat festgelegt oder sanktioniert sind und deren Verwirklichung durch die sozialistische Staats- und Gesellschaftsordnung gewährleistet wird.

Auf der Grundlagen dieser Thesen kann das sozialistische Recht wie folgt definiert werden: *Das sozialistische Recht ist das System allgemeinverbindlicher Normen, die den letztlich von den sozialistischen Produktionsverhältnissen bestimmten staatlichen Willen der Arbeiterklasse und der von ihr geführten Werktätigen ausdrücken, vom Staat festgelegt oder sanktioniert und garantiert werden – wenn nötig auch mit staatlichem Zwang – und die als Instrument (Regulator) die Entwicklung der gesellschaftlichen Verhältnisse mit dem Ziel der Errichtung des Sozialismus und Kommunismus fördern und schützen.*

[...]

Dokument 6

Beschluss des Demokratischen Blocks über gemeinsame Kandidatenlisten der Nationalen Front zu den Wahlen am 15. Oktober 1950

Die Gründung der Deutschen Demokratischen Republik hat sich als geschichtliche Notwendigkeit erwiesen. Durch die Bildung der Provisorischen Regierung der Deutschen Demokratischen Republik und die gemeinsamen Leistungen aller friedliebenden demokratischen Kräfte ist es uns gelungen, das Vertrauen der Sowjetunion und der friedliebenden Völker zu gewinnen.

Das Interesse der ganzen Nation erfordert die engste Zusammenarbeit aller patriotischen demokratischen Kräfte, um die Nationale Front des demokratischen Deutschland zu stärken.

Der Demokratische Block beschließt deshalb die gemeinsame Aufstellung von Kandidatenlisten der Nationalen Front des demokratischen Deutschland.

Diese unsere Einmütigkeit wird der Festigung des Friedens, der Festigung der demokratischen Ordnung, der Stärkung des Kampfes um die Einheit Deutschlands, dem Abzug der Besatzungstruppen und der Herstellung eines unabhängigen demokratischen Deutschlands im Sinne des Programms der Nationalen Front des demokratischen Deutschland dienen.

Einmütig haben wir die gemeinsame Plattform in dem umfassenden Programm des Nationalen Front des demokratischen Deutschland geschaffen.

Gemeinsam haben wir die Demokratie entwickelt und gefestigt. Mit vereinten Kräften werden wir den gemeinsam begonnenen Aufbau durchführen für eine gesicherte friedliche Zukunft unserer Nation, für ein besseres Leben unserer Kinder, zum Glück unseres Volkes und Vaterlandes.

Dokument 7

Text der Staatshymne der DDR »Auferstanden aus Ruinen«, geschrieben von Johannes R. Becher

Auferstanden aus Ruinen und der Zukunft zugewandt,
laß uns Dir zum Guten dienen, Deutschland,
einig Vaterland.
Alle Not gilt es zu bezwingen, und wir zwingen
sie vereint,
und es wird uns doch gelingen, daß die Sonne schön
wie nie
über Deutschland scheint.

Glück und Frieden sei beschieden Deutschland
unserm Vaterland,
alle Welt sehnt sich nach Frieden, reicht den Völkern
Eure Hand.
Wenn wir brüderlich uns einen, schlagen wir des
Volkes Feind.
Laßt das Licht des Friedens scheinen, daß nie eine
Mutter mehr
ihren Sohn beweint.

Laßt uns pflügen, laßt uns bauen, lernt und schafft wie
nie zuvor,
und der eignen Kraft vertrauend steigt ein neu Geschlecht
empor.
Deutsche Jugend, bestes Streben unsres Volkes in Dir
vereint,
wirst du Deutschlands neues Leben. Und die Sonne,
schön wie nie
über Deutschland scheint.

Dokument 8

Liedtext »Die Partei hat immer recht« von 1950

Sie hat uns alles gegeben.
Sonne und Wind. Und sie geizte nie.
Wo sie war, war das Leben.
Was wir sind, sind wir durch sie.
Sie hat uns niemals verlassen.
Fror auch die Welt, uns war warm.
Uns schützte die Mutter der Massen,
Uns trägt ihr mächtiger Arm.
Die Partei,
Die Partei, die hat immer recht!
Und, Genossen, es bleibe dabei;
Denn wer kämpft für das Recht,
Der hat immer recht!
Gegen Lüge und Ausbeuterei.
Wer das Leben beleidigt,
Ist dumm oder schlecht.
Wer die Menschheit verteidigt,
Hat immer recht.
So, aus Leninschem Geist,
Wächst, von Stalin geschweißt,
Die Partei – die Partei – die Partei.
[...]

Dokument 9

Erklärung des Ausnahmezustandes
im Sowjetischen Sektor von Berlin
am 17. Juni 1953

Befehl
des Militärkommandanten
des Sowjetischen Sektors von Berlin

Betrifft:
Erklärung des Ausnahmezustandes
im Sowjetischen Sektor von Berlin

Für die Herbeiführung einer festen öffentlichen Ordnung im Sowjetischen Sektor von Berlin wird befohlen:

1. Ab 13 Uhr des 17. Juni 1953 wird im Sowjetischen Sektor von Berlin der Ausnahmezustand verhängt.
2. Alle Demonstrationen, Versammlungen, Kundgebungen und sonstige Menschenansammlungen über 3 Personen werden auf Straßen und Plätzen wie auch in öffentlichen Gebäuden verboten.
3. Jeglicher Verkehr von Fußgängern und der Verkehr von Kraftfahrzeugen und Fahrzeugen wird von 9 Uhr abends bis 5 Uhr morgens verboten.

Diejenigen, die gegen diesen Befehl verstoßen, werden nach den Kriegsgesetzen bestraft.

Militärkommandant
des Sowjetischen Sektors von Berlin
Generalmajor Dibrowa

Berlin, den 17. Juni 1953

Dokument 10

Kommentar des SED-Propagandisten Karl Eduard von Schnitzler zum Volksaufstand am 17. Juni 1953

Nach anderthalb Tagen wurde ein Abenteuer beendet, das den demokratischen Sektor Berlins zu einem Brandherd machen sollte, der zu einem Weltbrand hätte entfacht werden können. Je mehr Einzelheiten bekannt werden, je mehr sich die Nachrichten häufen, je mehr man die dokumentarischen Tatsachen zusammenstellt, desto unverwischbarer und klarer formt sich ein Bild der Vorgänge, das Folgendes deutlich werden läßt:

Es ging nicht um Normen, nicht um freie Wahlen, nicht um die Verbesserung des Lebensstandards, nicht um eine – wie immer geartete – Freiheit; sondern unter Mißbrauch des guten Glaubens eines Teils der Berliner Arbeiter und Angestellten, gegen grobe Fehler bei der Normerhöhung mit Arbeitsniederlegung und Demonstrationen antworten zu müssen, wurde von bezahlten Provokateuren, vom gekauften Abschaum der Westberliner Unterwelt ein Anschlag auf die Freiheit, ein Anschlag auf die Existenz, auf die Arbeitsplätze, auf die Familien unserer Werktätigen versucht. Nicht weil Unzufriedenheit herrschte, haben Provokateure die Unruhen entfesselt, sondern weil von unserer Regierung und vom Politbüro der SED alle Maßnahmen und Schritte eingeleitet worden sind, um die Anlässe der Unzufriedenheit zu beseitigen, die Lebenshaltung unserer Werktätigen umgehend zu verbessern und Hindernisse für die Einheit Deutschlands wegzuräumen.

[…]

Von langer Hand vorbereitet, nachweislich in den Hauptquartieren des BDJ in Westberlin und anderer faschistischer Organisationen unter Mitwirkung von Jakob Kaiser und seinen sogenannten Dienststellen organisiert und geleitet, mit der Absicht, diese Provokation bis zum Ende anzuwenden, das heißt aufs Ganze zu gehen, ist das anderthalbtägige Abenteuer das Werk des sogenannten Regierenden Bürgermeisters von Westberlin, Ernst Reuter. Auch sein Versuch, sich durch seine Abwesenheit von Westberlin in dem Augenblick, da er die von ihm gelegten Minen sprengen ließ, ein Alibi zu verschaffen, rettet Reuter nicht vor der mit den Aussagen von Zeugen und verhafteten Provokateuren bewiesenen Anklage, der Inspirator, der Anstifter dieses Verbrechens gegen die Berliner Bevölkerung zu sein. Es ist nur gesetzmäßig und natürlich, und es konnte gar nicht anders kommen, daß ein so ungeheuerlicher Anschlag zusammengebrochen ist.

Dokument 11

Rundfunkansprache des Regierenden Bürgermeisters von West-Berlin, Ernst Reuter, 18. Juni 1953

Meine lieben Berlinerinnen und Berliner!

[...]

Ich stehe unter dem tiefen Eindruck der Nachricht, die ich auf dem Flugplatz bekam, daß ein Berliner von einem Standgericht im Osten erschossen worden ist, und meine erste spontane Handlung ist eine Intervention gewesen, um zu versuchen, daß alle Kräfte mobilisiert werden, um diesem Wahnsinn ein Ende zu machen. Mit Standrechten, mit Bajonetten, mit Panzern, kann auf die Dauer ein Volk doch nicht niedergehalten werden. Und es würde furchtbar sein, wenn der Graben, der sowieso schon tief genug ist, nun noch tiefer würde. Jedenfalls müssen wir erwarten, daß die ganze freie Welt, die sich nun wohl doch davon überzeugt haben wird, daß nicht nur die Berliner, sondern alle Deutschen in der Ostzone frei leben wollten, daß sie uns zu Hilfe kommen, denn wir allein können ja das Problem nicht lösen, wenn wir allein wären, dann würde das Problem überhaupt nicht existieren. Wir würden beisammen sein, und wir würden keine Schwierigkeiten haben.

Es ist klar, daß eine Fülle von Problemen durch die Ereignisse, die sich hier abgespielt haben, aufgeworfen werden. Die Probleme werden keineswegs hier in Berlin alleine aufgeworfen, sie gelten für die ganze Welt. Denn was wir hier in Berlin und was wir in der Ostzone erleben, ist eine Mahnung, ist ein Fanal für die ganze freie Welt, die nun endlich begreifen muß, daß sie aus ihrem Zaudern, aus ihrem Nichthandeln, aus ihrem Nichtzusammenkommen, aus ihrem Nichtübereinstimmen heraus muß, und daß sie politisch aktiv werden muß. Und auf der Bühne erscheinen muß – sie ist stärker, sie könnte stärker sein, als sie es sich selbst einbildet, wenn sie einig und geschlossen auftreten würde und wenn sie die politische Initiative selbst in die Hand nähme.

[...]

Wen die Götter verderben wollen, den schlagen sie mit Blindheit. Und die Götter haben bisher die Machthaber in der Sowjetzone immer mit Blindheit geschlagen. Aber vielleicht darf man die Hoffnung nicht aufgeben, daß das, was sich abgespielt hat, ihnen doch klargemacht hat, daß auch ihrer Macht eine Grenze gesetzt ist.

[...]

Wir erneuern unseren Appell an die ganze Welt, die Welt möge endlich begreifen, und ich hoffe, sie wird es jetzt zugeben müssen, daß die Deutschen ein Volk sind, das den Wert der Freiheit kennt, und daß die Deutschen ein Volk sind, das für die Freiheit sich einsetzt.

Die Arbeiterschaft Berlins hat nicht höhere Löhne verlangt, sie hat eine Änderung des ganzen Systems verlangt. Kann die Welt schweigen zu diesem Ruf? Ich glaube, sie kann nicht schweigen, und ich hoffe auch, sie wird nicht schweigen. Wir werden hier in Westberlin an die Arbeit gehen, wir werden selbstverständlich alle Hilfe schaffen, die notwendig ist, darüber ist kein Wort zu verlieren. Aber wir werden alles tun, um unsere Arbeit, die wir uns immer zum Ziel gesetzt haben – Deutschland wieder zu vereinigen – fortzusetzen.

[...].

Dokument 12

Offizielle Begründung, warum es in der DDR keine Opposition geben darf vom Mai 1957

Manche Bürger fragen, warum es bei uns keine Opposition gibt und meinen, zu einer richtigen Demokratie gehöre doch auch eine Opposition. Demokratie herrscht aber nicht dort, wo verschiedene Parteien gegeneinander auftreten, wo die Kraft der Arbeiterklasse gespalten ist und eine Opposition besteht. Im Gegenteil, das Vorhandensein oppositioneller Kräfte in bürgerlich-kapitalistischen Staaten offenbart den immer schärfer hervortretenden Interessengegensatz zwischen den sich an der Macht befindenden Monopolisten und Militaristen und der von der Macht ausgeschlossenen unterdrückten Bevölkerung. Opposition ist nur der Beweis dafür, daß die Volksmassen gegen die herrschende Klasse für ihr Recht kämpfen müssen.

Die Bourgeoisie kann die aus den unversöhnlichen Klassengegensätzen hervorwachsende Opposition nicht leugnen. Deshalb versucht sie, diese zu einem »Charakteristikum wahrer Demokratie« für jeden Staat umzufälschen.

Auch von der rechten Sozialdemokratie wurde und wird diese Ansicht verbreitet. Der ehemalige Vorsitzende der

SPD, Schumacher, formulierte z. B. wie folgt: »Das Wesen des Staates ist nicht die Regierung, und das Wesen des Staates ist nicht die Opposition. Das Wesen des Staates ist die Regierung und die Opposition.«

Aus solchen Auffassungen wird dann die absurde Behauptung abgeleitet, daß unser sozialistischer Staat der Arbeiter und Bauern nicht demokratisch sei, weil es bei uns »keine Opposition gebe«.

In unserer Deutschen Demokratischen Republik sind die Kriegsverbrecher, Monopolisten und Junker entmachtet. Hier gehören die Fabriken und Banken dem Volk. Die Armee, Polizei und Justiz – die Machtmittel des Staates – sind Instrumente der Werktätigen. Es gibt keinen Gegensatz zwischen der Politik unserer Regierung und den Interessen der gesamten Bevölkerung.

Eine Opposition in der DDR könnte doch nur gegen die Politik unserer Regierung gerichtet sein. Sie müßte sich also gegen die Einführung der 45-Stunden-Woche, gegen den Bau von zusätzlich hunderttausend Wohnungen, gegen unsere niedrigen Mieten, gegen die Stabilität unserer Preise, gegen die niedrigen MTS-Tarife, gegen die hohen Ausgaben für Wissenschaft und Kultur und gegen unsere Friedenspolitik richten. Sie müßte sich gegen die Einheit der Arbeiterklasse, gegen unseren Arbeiter-und-Bauern-Staat richten. Sie müßte für den Einsatz von Militaristen und Faschisten in hohe Machtpositionen, für den NATO-Kriegspakt und für die Vorbereitung eines Atomkrieges sein. Solch eine Opposition zu dulden wäre verbrecherisch.

Dokument 13

Walter Ulbrichts 10 Gebote für den neuen sozialistischen Menschen vom 10. Juli 1958

1. **Du sollst** Dich stets für die internationale Solidarität der Arbeiterklasse und aller Werktätigen sowie für die unverbrüchliche Verbundenheit aller sozialistischen Länder einsetzen.
2. **Du sollst** Dein Vaterland lieben und stets bereit sein, Deine ganze Kraft und Fähigkeit für die Verteidigung der Arbeiter-und-Bauern-Macht einzusetzen.
3. **Du sollst** helfen, die Ausbeutung des Menschen durch den Menschen zu beseitigen.
4. **Du sollst** gute Taten für den Sozialismus vollbringen, denn der Sozialismus führt zu einem besseren Leben für alle Werktätigen.
5. **Du sollst** beim Aufbau des Sozialismus im Geiste der gegenseitigen Hilfe und der kameradschaftlichen Zusammenarbeit handeln, das Kollektiv achten und seine Kritik beherzigen.
6. **Du sollst** das Volkseigentum schützen und mehren.
7. **Du sollst** stets nach Verbesserung Deiner Leistungen streben, sparsam sein und die sozialistische Arbeitsdisziplin festigen.
8. **Du sollst** Deine Kinder im Geiste des Friedens und des Sozialismus zu allseitig gebildeten, charakterfesten und körperlich gestählten Menschen erziehen.
9. **Du sollst** sauber und anständig leben und Deine Familie achten.
10. **Du sollst** Solidarität mit den um ihre nationale Befreiung kämpfenden und den ihre nationale Unabhängigkeit verteidigenden Völkern üben.

Dokument 14

Erklärung des Regierenden Bürgermeisters von Berlin, Willy Brandt, zum Beginn des Mauerbaus am 13. August 1961

Die vom Ulbricht-Regime auf Anforderung der Warschauer-Paktstaaten verfügten und eingeleiteten Maßnahmen zur Abriegelung der Sowjetzone und des Sowjetsektors von Westberlin sind ein empörendes Unrecht. Sie bedeuten, daß mitten durch Berlin nicht nur eine Art Staatsgrenze, sondern die Sperrwand eines Konzentrationslagers gezogen wird. Mit Billigung der Ostblockstaaten verschärft das Ulbricht-Regime die Lage um Berlin und setzt sich erneut über rechtliche Bindungen und Gebote der Menschlichkeit hinweg. Der Senat von Berlin erhebt vor aller Welt Anklage gegen die widerrechtlichen und unmenschlichen Maßnahmen der Spalter Deutschlands, der Bedrücker Ost-Berlins und der Bedroher West-Berlins. [...]

In Wahrheit hat das kommunistische Regime in den letzten 48 Stunden das Eingeständnis dafür geliefert, daß es selbst Schuld ist an der Flucht von Deutschen nach Deutschland. Eine Clique, die sich Regierung nennt, muß versuchen, ihre eigene Bevölkerung einzusperren. Die Betonpfeiler, der Stacheldraht, die Todesstreifen, die Wachtürme und die Maschinenpistolen, das sind die Kennzeichen eines Konzentrationslagers.

Es wird keinen Bestand haben. Wir werden in Zukunft noch sehr viel mehr Menschen als früher nach Berlin bringen, aus allen Teilen der Welt, damit sie die kalte, die nackte, die brutale Wirklichkeit eines Systems sehen können, das den Menschen das Paradies auf Erden versprochen hat. [...]

Dokument 15

Offizieller Bericht über das tödliche Ende eines Fluchtversuchs am 5. Juni 1962 in Berlin

Auf dem Original sieht man die Paraphe von Erich Honecker (EH)

Berlin, den 05. 06. 62

Ministerium des Innern
Bereitschaftspolizei
1. Grenzbrigade (B)

III. Grenzabteilung

Bericht

zum versuchten Grenzdurchbruch in Abschnitt der 2. Kompanie der III. Grenzabteilung am 05. 06. 1962 um 17.30 Uhr.

Am 05. 06. 1962 gegen 17.15 Uhr versuchte eine männliche, jugendliche Person von der Marschallbrücke aus in Richtung Reichstagsufer schwimmend die Staatsgrenze nach Westberlin zu durchbrechen. Durch Abgabe von gezielten Schüssen der Grenzposten wurde der Grenzverletzer getroffen und versank.

Auf Befehl des Kommandeurs der i. Grenzbrigade (B) wurde zur Untersuchung des o. g. Vorkommnisses eine Kommission eingesetzt.

Leiter der Kommission: Stabschef der III. GA
Hauptmann Dreißig

Mitarbeiter: Offz. f. Kommandantendienst
Leutnant Gebhardt

<u>Sachverhalt:</u>

Gegen 17.15 Uhr sprang eine männliche Person von der Ostseite der Marschallbrücke in den Lastkahn Z 2 – 065

Schiffsführer	Hänsel, Werner geb. am 30. 08. 1930 in Rattwitz Beruf: Schiffer
Arbeitsstelle	VEB Deutsche Schiffsreederei Berlin, Grünstr. 5–6

auf die Sandladung. Durch den Schiffsführer wurde der Jugendliche bemerkt und das Schiff unmittelbar unter der Marschallbrücke zum Stehen gebracht. Die jugendliche Person versuchte, den Schiffer zu überreden, weiter zu fahren. Als er bemerkte, daß das Schiff zum stehen gebracht wird, sprang er ins Wasser. Durch den Schiffer konnte er jedoch wieder aus dem Wasser gezogen werden. Durch Rufen bzw. durch Zeichen versuchte der Schiffer, die Genossen vom AZKW oder unsere Genossen zu verständigen.

Dabei gelang es dem Grenzverletzer sich loßzureißen und wieder ins Wasser zu springen.

Die Grenzposten 7, VEB Deutsche Schallplatte, bemerkten den Grenzverletzer, liefen an die Anlegestelle in Höhe VEB Deutsche Schallplatte.

Postenführer:	Gefr. Dütsch, Wolfgang geb. am 14. 06. 1941 wohnhaft Neumark VP seit 14. 09. 1959 organisiert FDJ, FDGB, DSF Angehöriger 2. Komp. III. Zug

Posten: Gefr. Schlusche, Reinhardt
geb. am 23. 02. 41
wohnhaft Oschersleben, Karl-Marx-Str. 18
VP seit 14. 09. 1959
Angehöriger der 2. Komp. III. Zug

Zu diesem Zeitpunkt befand sich der Grenzverletzer ca. 10 m vor der Anlegestelle (siehe Skizze). Da mehrere Anrufe des Postenführers ergebnislos blieben, wurden durch den Postenführer ein Warnschuß und anschließend 3 Zielschüsse abgegeben. Zur gleichen Zeit gab auch der Posten 2 Zielschüsse auf den Grenzverletzer ab. Durch das gezielte Feuer wurde der Grenzverletzer getroffen und versank im Kanal.

Unmittelbar nach dem versuchten Grenzdurchbruch erschienen auf Westberliner Seite 3 Zöllner mit einem Hund, 1 engl. SPW und 4 Duepes. Ca. 10 Min. nach dem Vorkommnis erschienen ca. 20 Zivilisten, größten Teils ausgerüstet mit Fotoapparaten.

Eingeleitete Maßnahmen:

- Die am Tathergang beteiligten Genossen der 2. Kompanie wurden zwecks weiterer Untersuchung abgelöst.
- Im gefährdeten Grenzabschnitt wurde erhöhte Wachsamkeit befohlen und eine Doppelstreife am Schiffbauerdamm eingesetzt.
- Alle im Grenzdienst eingesetzten Genossen wurden vom Vorkommnis in Kenntnis gesetzt und verstärkte Wachsamkeit befohlen.
- Durch den OpD wurde der Op.-Stab des PdVP verständigt und von dort aus die Feuerwehr mit 2 Booten zur Suche des Grenzverletzers eingesetzt.
- Am 06. 06. 1962 09.00 Uhr wird das Vorkommnis mit den Kompaniechefs ausgewertet.

Schlußfolgerungen:

- Die Schußwaffengebrauchsbestimmung wurde eingehalten, Westberliner Gebiet wurde nicht verletzt.
- Die Handlungen der eingesetzten Genossen waren taktisch richtig und zweckmäßig.
- Der Gen. Gefr. Dütsch und Schlusche werden zur Auszeichnung für ihre taktisch-richtige Handlungsweise eingereicht.

Zusatz zum Sachverhalt:

Durch den Einsatz der Boote der Feuerwehr wurde die Suche nach dem Grenzverletzer durchgeführt, dabei der Grenzverletzer mit einem Kopfschuß tot geborgen (siehe Skizze).

Bei dem Grenzverletzer handelt es sich um den
Hannemann, Axel
geb. am 27. 04. 1945 in Buchhain
wohnhaft Cottbus, Leuthenerstr. 11

Durch die Feuerwehr wurde der H. in das Leichenschauhaus überführt.

Stabschef der III. Grenzabteilung

– Hauptmann – (Dreißig)

Dokument 16

Erich Honecker über »schädliche Tendenzen« in der Kunst im Dezember 1965

Unsere DDR ist ein sauberer Staat. In ihr gibt es unverrückbare Maßstäbe der Ethik und Moral, für Anstand und gute Sitte. Unsere Partei tritt entschieden gegen die von den Imperialisten betriebene Propaganda der Unmoral auf, die das Ziel verfolgt, dem Sozialismus Schaden zuzufügen. Dabei befinden wir uns in voller Übereinstimmung mit der Bevölkerung der DDR und der überwiegenden Mehrheit der Menschen in Westdeutschland.

Wir stimmen jenen zu, die feststellen, daß die Ursachen für diese Erscheinungen der Unmoral und einer dem Sozialismus fremden Lebensweise auch in einigen Filmen, Fernsehsendungen, Theaterstücken, literarischen Arbeiten und in Zeitschriften bei uns zu sehen sind. Es häuften sich in letzter Zeit auch in Sendungen des Fernsehfunks, in Filmen und Zeitschriften antihumanistische Darstellungen. Brutalitäten werden geschildert, das menschliche Handeln auf sexuelle Triebhaftigkeit reduziert. Den Erscheinungen der amerikanischen Unmoral und Dekadenz wird nicht offen entgegengetreten. Das gilt besonders für den Bereich der heiteren Muse und der Unterhaltung, für einzelne literarische Arbeiten. [...] Es ist an der Zeit, der Verbreitung fremder und schädlicher Thesen und unkünstlerischer Machwerke, die zugleich auch stark pornographische Züge aufweisen, entgegenzutreten. Es stärkt nicht die Autorität des Deutschen Schriftstellerverbandes und anderer Organisationen wie zum Beispiel des Deutschen Kulturbundes, wenn sie sich nicht mit diesen Machwerken auseinandersetzen. [...]

Leider hat sich in den letzten Jahren eine neue Art Literatur entwickelt, die im wesentlichen aus einer Mischung von Sexualität und Brutalität besteht. Ist es ein Wunder, wenn nach dieser Welle in Literatur, Film, Fernsehen und Zeitschriften manche Jugendliche nicht mehr wissen, ob sie richtig oder falsch handeln, wenn sie dort ihre Vorbilder suchen? Wir sind keine Anhänger des Muckertums und sind selbstverständlich für die realistische Darstellung aller Seiten des menschlichen Lebens in Literatur und Kunst. Aber das hat nichts damit zu tun, daß wir die neuesten Ergüsse der Enthemmung und Brutalität aus dem kapitalistischen Westdeutschland einschleusen lassen, um unsere Jugend zu verseuchen. In diesem Sinne legen wir entschieden Wert auf die Sauberkeit auch in der Produktion des Fernsehens und des Films.

Dokument 17

MfS-Strategie zur »Zersetzung feindlich-negativer Kräfte«

Der zuverlässige Schutz der gesellschaftlichen Entwicklung und die allseitige Gewährleistung der inneren Sicherheit der DDR erfordern vom Ministerium für Staatssicherheit die zielstrebige, konzentrierte und schwerpunktmäßige vorbeugende Verhinderung, Aufdeckung und Bekämpfung aller subversiven Angriffe des Feindes.

Eine wichtige Voraussetzung für die erfolgreiche Lösung dieser Hauptaufgabe ist die ständige Qualifizierung der Entwicklung und Bearbeitung Operativer Vorgänge auf der Basis einer schwerpunktbezogenen politisch-operativen Grundlagenarbeit zur Gewährleistung der Sicherung und Ordnung im jeweiligen Verantwortungsbereich.

Mit der zielstrebigen Entwicklung und Bearbeitung Operativer Vorgänge ist vor allem vorbeugend ein Wirksamwerden feindlich-negativer Kräfte zu unterbinden, das Eintreten möglicher Schäden, Gefahren oder anderer schwerwiegender Folgen feindlich-negativer Handlungen zu verhindern und damit ein wesentlicher Beitrag zur kontinuierlichen Durchsetzung der Politik der Partei- und Staatsführung zu leisten. [...]

2.3.3. Die Einführung von IM in die Bearbeitung Operativer Vorgänge

Die Einführung von IM in die Bearbeitung Operativer Vorgänge ist darauf zu richten, qualifizierte, überprüfte, für die im jeweiligen Operativen Vorgang zu lösenden politisch-operativen Aufgaben geeignete IM an die verdächtigen Personen mit der Zielstellung heranzuführen, deren Vertrauen zu gewinnen, um Informationen und Beweise über geplante, vorbereitete oder durchgeführte feindlich-negative Handlungen sowie Mittel und Methoden des Vorgehens der verdächtigen Personen und ihrer Hintermänner rechtzeitig zu erarbeiten und Voraussetzungen für die vorbeugende Verhinderung bzw. Einschränkung der feindlich-negativen Handlungen zu schaffen. [...]

2.3.4. Das Herausbrechen von Personen aus feindlichen Gruppen

Das Herausbrechen ist darauf zu richten, Personen aus feindlichen Gruppen für eine inoffizielle Zusammenarbeit zu werben, um dadurch in die Konspiration der Gruppe einzudringen und Informationen und Beweise über geplante, vorbereitete oder durchgeführte Handlungen sowie Mittel und Methoden ihres Vorgehens zu erarbeiten, Anknüpfungspunkte und Voraussetzungen für eine notwendige Paralysierung und Einschränkung der feindlichen Handlungen bzw. zur Auflösung der Gruppen zu schaffen. [...]

2.6.1 Zielstellung und Anwendungsbereiche von Maßnahmen der Zersetzung

Maßnahmen der Zersetzung sind auf das Hervorrufen sowie die Ausnutzung und Verstärkung solcher Widersprüche bzw. Differenzen zwischen feindlich-negativen Kräften zu richten, durch die sie zersplittert, gelähmt, desorganisiert und isoliert und ihre feindlich-negative Handlungen einschließlich deren Auswirkungen vorbeugend verhindert, wesentlich eingeschränkt oder gänzlich unterbunden werden. [...]

2.6.2 Formen, Mittel und Methoden der Zersetzung [...]

Bewährte anzuwendende Formen der Zersetzung sind:

- systematische Diskreditierung des öffentlichen Rufes, des Ansehens und des Prestiges auf der Grundlage miteinander verbundener wahrer, überprüfbarer und diskreditierender sowie unwahrer, glaubhafter, nicht widerlegbarer und damit ebenfalls diskreditierender Angaben;
- systematische Organisierung beruflicher und gesellschaftlicher Mißerfolge zur Untergrabung des Selbstvertrauens einzelner Personen;
- zielstrebige Untergrabung von Überzeugungen im Zusammenhang mit bestimmten Idealen, Vorbildern usw. und die Erzeugung von Zweifeln an der persönlichen Perspektive;
- Erzeugen von Mißtrauen und gegenseitigen Verdächtigungen innerhalb von Gruppen, Gruppierungen und Organisationen;
- Erzeugen bzw. Ausnutzen und Verstärken von Rivalitäten innerhalb von Gruppen, Gruppierungen und Organisationen durch zielgerichtete Ausnutzung persönlicher Schwächen einzelner Mitglieder;
- Beschäftigung von Gruppen, Gruppierungen und Organisationen mit ihren internen Problemen mit dem Ziel der Einschränkung ihrer feindlich-negativen Handlungen;
- örtliches und zeitliches Unterbinden bzw. Einschränken der gegenseitigen Beziehungen der Mitglieder einer Gruppe, Gruppierung oder Organisation auf der Grundlage geltender gesetzlicher Bestimmungen, z. B. durch Arbeitsplatzbindungen, Zuweisung örtlich entfernt liegender Arbeitsplätze usw.

Dokument 18

Eingabe von Dagmar [N. N.] an Erich Honecker

Schönau-Berzdorf, am 25. 9. 1980

Eingabe
Werter Genosse Erich Honecker!

Mein Name ist Dagmar [redacted]. Meine Familie umfaßt 4 Kinder und meinen Mann, der in Schichten arbeitet. Von meinen 4 Kindern sind 3 Mädchen schulpflichtig. Sie sind 14; 13; 11 und 3 Jahre alt. In Kürze, das heißt in 3 Wochen erwarten wir unser 5. Kind. Wir sind also eine kinderreiche Familie. Mein Mann und ich gehören beide unserer Arbeiterpartei, der Sozialistischen Einheitspartei Deutschlands, an.

Nun gibt es bei uns im Kreisgebiet Görlitz im Bereich Handel und Versorgung Vorkommnisse, die mich veranlassen an Dich, Genosse Honecker, zu schreiben. Wir kommen uns vor, als wenn wir für die Kinder bestraft werden. Konkret geht es uns um billige Bettwäsche, besonders um Bettlaken und eine Koffernähmaschine mit 8 Programmen.

Wir können von Glück reden, daß wir ein Auto besitzen, und nicht auf den Bus angewiesen sind.

Die Lage bei uns ist nämlich so, daß wir schon 2 Kinder auf Tafeldecken schlafen legen müssen, damit sie überhaupt auf was Weißem liegen. Wegen der Bettlaken schicken uns die Görlitzer Geschäfte nach Hagenwerder. Hagenwerder weist uns mit der Begründung, wir seien nicht ihr Versorgungsgebiet nach Ostritz. In Ostritz zeigte ich meinen Ausweis für kinderreiche Familien vor, aber wir wurden wieder mit der Floskel abgespeist, daß es ja nichts gebe, und daß wir uns gedulden müssen, obwohl jede Woche Lieferung ist. Der Zirkus geht nun schon ein halbes Jahr lang.

Es wird noch soweit kommen, daß die Kinder auf den blanken Matratzen schlafen müssen.

Das Gleiche ist mit der Koffernähmaschine. Eine Schranknähmaschine können wir nicht gebrauchen, da wir keinen Platz in unserer 3½ Zimmerwohnung haben. In den 3 großen Kaufhäusern in Görlitz ist nicht ein Geschäft, was Vorbestellungen für das Kreisgebiet entgegennimmt. Da kommt man ja zu dem Entschluß, daß, wer auf dem Dorf wohnt, überhaupt keine Ansprüche an das Leben stellen darf. Die Nähmaschine benötige ich dringend, da wir einfach finanziell nicht in der Lage sind, jede Woche neue Sachen für die Mädchen zu kaufen, denn die Preise bei der Kinderbekleidung sind zwar für den einzelnen in Ordnung, aber wir müssen ja immer dreimal soviel bezahlen.

Unser Versorgungsgebiet ist Ostritz, das haben wir nun durch Zufall erfahren. In Ostritz sagte man uns, wir sollen eine formlose Postkarte schicken, dann würden wir vielleicht in ein paar Jahren eine Nähmaschine erhalten. Ja, ist das denn eine Art und Weise?

Als ich den Ausweis für kinderreiche Familien wiederrum vorlegte, erhielt ich nur ein bedauerndes Schulterzucken. Ich brauche aber kein Mitleid für mich und meine Familie, sondern Hilfe!

Und zwar brauche ich sie jetzt und nicht erst in ein paar Jahren, wenn die Kinder groß sind und aus dem Elternhaus sind!

Was wir schon an Benzingeld und ich an Busgeld wegen dieser Sachen verfahren haben geht schon in die hunderte Mark. Ja, sind wir denn nun ein Arbeiterstaat oder ein Staat, in dem man sich mit den Verkäuferinnen gutstellen oder mit ihnen verwandt sein muß, um etwas, was ich dringend benötige, zu erhalten?

Ich hoffe, daß diese Eingabe die letzte ist, die ich schreiben muß und verbleibe mit

sozialistischem Gruß
Dagmar [redacted]

Abs. Dagmar [redacted]
8901 Schönau-Berzdorf
[redacted]

Dokument 19

Programm der SED vom 22. Mai 1976

Die Sozialistische Einheitspartei Deutschlands ist der bewußte und organisierte Vortrupp der Arbeiterklasse und des werktätigen Volkes der sozialistischen Deutschen Demokratischen Republik. Sie verwirklicht die von Marx, Engels und Lenin begründeten Aufgaben und Ziele der revolutionären Arbeiterbewegung. In ihrem Wirken läßt sie sich stets davon leiten, alles zu tun für das Wohl des Volkes, für die Interessen der Arbeiterklasse und aller anderen Werktätigen. Sie sieht ihre Aufgabe darin, die entwickelte sozialistische Gesellschaft weiter zu gestalten. Ihr Ziel ist es, die kommunistische Gesellschaft zu errichten. [...]

Die Sozialistische Einheitspartei Deutschlands ist eine Abteilung der internationalen kommunistischen Bewegung. Sie steht fest auf dem Boden des proletarischen Internationalismus. Sie ist brüderlich verbunden mit der Kommunistischen Partei der Sowjetunion, der erprobtesten und erfahrensten kommunistischen Partei, [...]

Der Sozialismus beruht auf dem gesellschaftlichen Eigentum an den Produktionsmitteln in seinen beiden Formen, dem gesamtgesellschaftlichen Volkseigentum und dem genossenschaftlichen Gemeineigentum. In der sozialistischen Planwirtschaft dienen die Produktionsmittel der steten Mehrung des gesellschaftlichen Reichtums im Interesse der Arbeiterklasse und aller anderen Werktätigen. Wissenschaft und Technik werden zum Nutzen der Gesellschaft entwickelt und eingesetzt. Im Sozialismus sind die Produktionsverhältnisse, alle gesellschaftlichen Beziehungen durch bewußtes Zusammenwirken, kameradschaftliche Zusammenarbeit und gegenseitige Hilfe charakterisiert. Dadurch sind die Grundlagen geschaffen für die politisch-moralische Einheit des Volkes, für die breite

Entwicklung der Initiative und Aktivität aller Werktätigen. [...]

Entwickelte sozialistische Gesellschaft – das heißt, die sozialistische Bewußtheit der breiten Massen weiter zu erhöhen, ihre marxistisch-leninistische Weltanschauung und kommunistische Moral aktiv herauszubilden, Egoismus, Individualismus und andere Erscheinungen der bürgerlichen Ideologie konsequent zu überwinden. [...]

Die Entwicklung der sozialistischen Nation

Mit der sozialistischen Revolution und der Gestaltung der sozialistischen Gesellschaft wurden in der Deutschen Demokratischen Republik auch Grundlagen, Inhalt und Formen des nationalen Lebens qualitativ verändert. Indem die Arbeiterklasse die Macht eroberte, schuf sie die entscheidende Voraussetzung für die Bildung der sozialistischen Nation. Geführt von der Arbeiterklasse, hat das Volk der Deutschen Demokratischen Republik in Übereinstimmung mit dem geschichtlichen Übergang zum Sozialismus sein Recht auf sozialökonomische, staatliche und nationale Selbstbestimmung verwirklicht.

In der Deutschen Demokratischen Republik entwickelt sich die sozialistische deutsche Nation. Ihre Wesenszüge prägt die Arbeiterklasse. Als die führende Kraft der sozialistischen Gesellschaft steht sie zugleich an der Spitze der sozialistischen Nation. Die sozialistische Nation ist eine von antagonistischen Widersprüchen freie, stabile Gemeinschaft freundschaftlich verbundener Klassen und Schichten, die von der Arbeiterklasse und ihrer marxistisch-leninistischen Partei geführt wird. Sie umfaßt das Volk der Deutschen Demokratischen Republik und ist gekennzeichnet durch den souveränen sozialistischen Staat auf deren Territorium. Ihre ökonomische Grundlage ist die sich auf dem gesellschaftlichen Eigentum an den Produktionsmitteln entfaltende sozialistische Volkswirtschaft. Der Marxismus-Leninismus ist die herrschende Ideologie. [...]

Hohe Anforderungen sind insbesondere an Presse, Rundfunk und Fernsehen gestellt. Sie werden ihren wachsenden Aufgaben gerecht, indem sie die Wahrheit als scharfe Waffe gebrauchen, das Richtige verständlich, mit beweiskräftigen Argumenten zum Ausdruck bringen. Die sozialistischen Massenmedien werden ihren Einfluß weiter erhöhen; die Macht ihres Wortes erwächst aus der Richtigkeit unserer Theorie und Politik, die sich im Leben in den Erfahrungen des Volkes bestätigt. [...]

Als ein freiwilliger Kampfbund gleichgesinnter Kommunisten, die aktiv und selbstlos für die Verwirklichung der Parteibeschlüsse eintreten, wird die Partei die politisch-ideologische und organisatorische Einheit und Geschlossenheit ihrer Reihen weiter festigen. Das Prinzip des demokratischen Zentralismus bestimmt den Aufbau der Partei, ihr inneres Leben und die Methoden ihrer Tätigkeit. Die strikte Anwendung dieses bewährten Prinzips, untrennbar verbunden mit der konsequenten Einhaltung der Leninschen Normen des innerparteilichen Lebens, ist ein Lebensgesetz der marxistisch-leninistischen Partei. [...]

Der schrittweise und allmähliche Übergang zum Kommunismus, die Herausbildung der klassenlosen Gesellschaft vollzieht sich planmäßig auf wissenschaftlicher Grundlage und bei voller Entfaltung der Initiative und Schöpferkraft aller Menschen unter der führenden und lenkenden Kraft der marxistisch-leninistischen Partei.

Die Errichtung des Kommunismus wird die Krönung des historischen Kampfes der internationalen Arbeiterklasse gegen Ausbeutung, Unterdrückung und Krieg, für Frieden, Demokratie und gesellschaftlichen Fortschritt sein. [...]

Dokument 20

Auftrag an in die Grenztruppen eingeschleuste MfS-Mitarbeiter zur Verhinderung von Fahnenfluchten vom Dezember 1974

Auftrag [...]

1. Verhinderung von Fahnenfluchten
   Erkennen von Fahnenfluchtabsichten, um deren Verhinderung mit allen sich daraus ergebenden Konsequenzen zu gewährleisten.
   Um versuchte Fahnenfluchten während des Grenzdienstes zu verhindern, macht es sich notwendig, daß Sie diese rechtzeitig erkennen und vereiteln. Aus diesem Grund dürfen Sie sich nicht von Ihrer Waffe trennen und die Kontrolle der Funktionstüchtigkeit hat vor Beginn des Grenzdienstes zu erfolgen. Bei Notwendigkeit haben Sie die Schußwaffe konsequent anzuwenden, um den Verräter zu stellen bzw. zu liquidieren. [...]
2. Verhinderung von Grenzdurchbrüchen
   Es ist Ihre Pflicht, Ihre Einzelkämpfer- und tschekistischen Fähigkeiten so zu nutzen, daß Sie die List des Grenzverletzers durchbrechen, ihn stellen bzw. liquidieren, um somit die von ihm geplante Grenzverletzung zu vereiteln. Handeln Sie dabei umsichtig und konsequent, da die Praxis die Gefährlichkeit und Hinterhältigkeit der Verräter mehrfach beweist.
   Zögern Sie nicht mit der Anwendung der Schußwaffe, auch dann nicht, wenn die Grenzdurchbrüche mit Frauen und Kindern erfolgen, was sich die Verräter schon oft zunutze gemacht haben. [...]

Dokument 21

Vom MfS erstellte Klassifizierungsmerkmale von negativen jugendlichen Gruppen

1. Staatsfeindliche Gruppe

Eine staatsfeindliche Gruppe besteht, wenn sich mindestens zwei Personen mit der Zielstellung der Begehung einer staatsfeindlichen Tätigkeit zusammengeschlossen haben.

Eine staatsfeindliche Gruppe wird dadurch charakterisiert, daß

- es sich um eine Organisationsform mit hoher Gesellschaftsgefährlichkeit zur Begehung einer staatsfeindlichen Tätigkeit, wie
  - Terror
  - staatsfeindliche Hetze
  - gewaltsame Grenzdurchbrüche

  handelt;
- ihr Zusammenschluß zu einer Gruppe aus einer gemeinsamen feindlichen Grundposition der Personen herrührt;
- die Gruppe sich mit revisionistischem, sozialdemokratischem, maoistischem, nationalistischem oder linkssektiererischem Gedankengut beschäftigt und sie einen »demokratischen« und »menschlichen« Sozialismus fordert;
- konzeptionelle Vorstellungen über eine mögliche Veränderung der Gesellschaftsordnung der DDR oder die Begehung von Staatsverbrechen vorliegen bzw. entwickelt werden;
- von der Gruppe Verbindungen zu feindlichen Kräften oder Zentren in Westberlin, der BRD oder dem anderen kapitalistischen Ausland bestehen bzw. hergestellt werden;
- die Gruppe Kontakte zu anderen negativen Kräften in

der DDR oder des sozialistischen Auslandes unterhält bzw. aufnimmt;
- die Gruppe den Versuch unternimmt, durch Anwendung von bestimmten Mitteln und Methoden ihre feindlichen Aktivitäten zu tarnen.

Das Bestehen eines Führungskerns und fester Formen der Leitung und Regeln der Zusammenarbeit bei staatsfeindlicher Zielstellung, wie das für eine staatsfeindliche Organisation charakteristisch ist, wird bei einer staatsfeindlichen Gruppe nicht gefordert. Es können aber Teilbereiche (z. B. festere Organisationsformen oder bestimmte Regeln der Zusammenarbeit) vorhanden sein.

Die Bearbeitung einer staatsfeindlichen Gruppe erfolgt gemäß der konkreten Tatbestände des 2. Kapitels des StGB (Staatsverbrechen § 97–110 StGB) sowie in schwerwiegenden Fällen gemäß § 107.

Während der Bearbeitung ist die strafrechtliche Verantwortlichkeit der einzelnen Gruppenmitglieder konkret herauszuarbeiten und festzulegen.

[...]

Dokument 22

Gründungsaufruf des Neuen Forums vom 18. September 1989

In unserem Land ist die Kommunikation zwischen Staat und Gesellschaft offensichtlich gestört. Belege dafür sind die weitverbreitete Verdrossenheit bis hin zum Rückzug in die private Nische oder zur massenhaften Auswanderung. Fluchtbewegungen dieses Ausmaßes sind anderswo durch Not, Hunger und Gewalt verursacht. Davon kann bei uns keine Rede sein.

Die gestörte Beziehung zwischen Staat und Gesellschaft lähmt die schöpferischen Potenzen unserer Gesellschaft und behindert die Lösung der anstehenden lokalen und globalen Aufgaben. Wir verzetteln uns in übelgelaunter Passivität und hätten doch Wichtigeres zu tun für unser Leben, unser Land und die Menschheit.

In Staat und Wirtschaft funktioniert der Interessenausgleich zwischen den Gruppen und Schichten nur mangelhaft. Auch die Kommunikation über die Situation und die Interessenlage ist gehemmt. Im privaten Kreis sagt jeder leichthin, wie seine Diagnose lautet, und nennt die ihm wichtigsten Maßnahmen. Aber die Wünsche und Bestrebungen sind sehr verschieden und werden nicht rational gegeneinander gewichtet und auf Durchführbarkeit untersucht. Auf der einen Seite wünschen wir uns eine Erweiterung des Warenangebots und bessere Versorgung, andererseits sehen wir deren soziale und ökologische Kosten und plädieren für die Abkehr von ungehemmtem Wachstum. Wir wollen Spielraum für wirtschaftliche Initiative, aber keine Entartung in eine Ellenbogengesellschaft. Wir wollen das Bewährte erhalten und doch Platz für Erneuerung schaffen, um sparsamer und weniger naturfeindlich zu leben. Wir wollen geordnete Verhältnisse, aber keine Bevormundung. Wir wollen freie, selbstbewußte Menschen, die doch gemeinschaftsbewußt handeln. Wir wollen vor Gewalt geschützt sein und dabei nicht einen Staat von Bütteln und Spitzeln ertragen. Faulpelze und Maulhelden sollen aus ihren Druckposten vertrieben werden, aber wir wollen dabei keine Nachteile für sozial Schwache und Wehrlose. Wir wollen ein wirksames Gesundheitswesen für jeden, aber niemand soll auf Kosten anderer krankfeiern. [...]

Um alle diese Widersprüche zu erkennen, Meinungen und Argumente dazu anzuhören und zu bewerten, allgemeine von Sonderinteressen zu unterscheiden, bedarf es eines demokratischen Dialogs über die Aufgaben des Rechtsstaates, der Wirtschaft und der Kultur. Über diese Fragen müssen wir in aller Öffentlichkeit, gemeinsam und im ganzen Land, nachdenken und miteinander sprechen.

Von der Bereitschaft und dem Wollen dazu wird es abhängen, ob wir in absehbarer Zeit Wege aus der gegenwärtigen krisenhaften Situation finden. [...]

Wir bilden deshalb gemeinsam eine politische Plattform für die ganze DDR, die es Menschen aus allen Berufen, Lebenskreisen, Parteien und Gruppen möglich macht, sich an der Diskussion und Bearbeitung lebenswichtiger Gesellschaftsprobleme in diesem Lande zu beteiligen. Für eine solche übergreifende Initiative wählen wir den Namen Neues Forum. [...]

Allen Bestrebungen, denen das Neue Forum Ausdruck und Stimme verleihen will, liegt der Wunsch nach Gerechtigkeit, Demokratie und Frieden sowie Schutz und Bewahrung der Natur zugrunde. Es ist dieser Impuls, den wir bei der kommenden Umgestaltung der Gesellschaft in allen Bereichen lebensvoll erfüllt wissen wollen.

»Wir rufen alle Bürger und Bürgerinnen der DDR, die an der Umgestaltung unserer Gesellschaft mitwirken wollen, auf, Mitglieder des Neuen Forum zu werden.«

Die Zeit ist reif.

Dokument 23

Beschluss des SED-Politbüros und des Ministerrats für Reisen und ständige Ausreise aus der DDR vom 9. November 1989, der am 10. November 1989 veröffentlicht werden sollte.

Beschluß

Zur Veränderung der Situation der ständigen Ausreise von DDR-Bürgern nach der BRD über die CSSR wird festgelegt:

1. Die Verordnung vom 30. November 1988 über Reisen von Bürgern der DDR in das Ausland (GBl. I Nr. 25 S.

271) findet bis zur Inkraftsetzung des neuen Reisegesetzes keine Anwendung mehr.

2. Ab sofort treten folgende Regelungen für Reisen und ständige Ausreisen aus der DDR in das Ausland in Kraft:

a) Privatreisen nach dem Ausland können ohne Vorliegen von Voraussetzungen (Reiseanlässe und Verwandtschaftsverhältnisse) beantragt werden. Die Genehmigungen werden kurzfristig erteilt. Versagungsgründe werden nur in besonderen Ausnahmefällen angewandt.

b) Die zuständigen Abteilungen Paß- und Meldewesen der VP [redacted] in der DDR sind angewiesen, Visa zur ständigen Ausreise unverzüglich zu erteilen, ohne daß dafür noch geltende Voraussetzungen für eine ständige Ausreise vorliegen müssen. Die Antragstellung auf ständige Ausreise ist wie bisher auch bei den Abteilungen Innere Angelegenheiten möglich.

c) Ständige Ausreisen können über alle Grenzübergangsstellen der DDR zur BRD bzw. zu Berlin (West) erfolgen.

d) Damit entfällt die vorübergehend ermöglichte Erteilung von entsprechenden Genehmigungen in Auslandsvertretungen der DDR bzw. die ständige Ausreise mit dem Personalausweis der DDR über Drittstaaten.

Dokument 24

Referat des für die Volkswirtschaft zuständigen MfS-Generalleutnant Kleine zur Lage der DDR-Wirtschaft vom 27. Oktober 1989

Bei uns geht es heute darum, ausgehend von einer realen Einschätzung der Lage, die Schwerpunkte der Arbeit zu bestimmen, die wir in nächster Zeit auf unserem spezifischen Gebiet bei der Sicherung der Volkswirtschaft zu lösen haben.

[...]

Es geht darum, Antwort zu finden, wie wir die nicht leichten Herausforderungen der 90er Jahre bestehen, um mit einer starken sozialistischen DDR die Schwelle zum nächsten Jahrtausend zu überschreiten.

[...]

Genossen!

Die ökonomische Stabilität und damit die politische Stabilität zu gewährleisten, erfordert ein dynamisch wachsendes Nationaleinkommen (erforderlich sind mindestens 4 %) und damit ein hohes verteilbares Endprodukt zur guten Versorgung der Bevölkerung, zur materiell-technischen Sicherung der Produktion und der Erfüllung der Exportaufgaben.

Die erforderliche Zunahme des Nationaleinkommens muß ausschließlich durch die Steigerung der Arbeitsproduktivität erzielt werden, andere Wachstumsquellen stehen uns weder heute noch morgen zur Verfügung.

[...]

Deshalb ist es auch für uns von höchster sicherheitspolitischer Bedeutung, wenn von kompetenten Persönlichkeiten eingeschätzt wird, daß im Zusammenhang mit der gegenwärtigen inneren Lage in der DDR von seiten der NSW-Bankenvertreter immer häufiger die Frage nach der Kreditwürdigkeit der DDR gestellt wird.

[...]

Damit erfordert die eingetretene Situation **prinzipielle** wirtschaftliche und politische Entscheidungen, die die Bereitstellung höherer Exportfonds durch Veränderung der Exportstruktur der Industrie, der Stärkung der Akkumulation in den produktiven Bereichen, Veränderungen auf dem Gebiet der Konsumtion und die Umverteilung des gesellschaftlichen Arbeitsvermögens zugunsten der Exportproduktion, betreffen.

Das ist eine Überlebensfrage unserer Republik!

Deshalb muß mit dem Plan 1990 und mit dem nächsten Fünfjahrplan der erforderliche Durchbruch erzielt werden. Welche hohen Anforderungen damit gestellt und welche Probleme dabei zu lösen sind, möchte ich mit den folgenden Ausführungen verdeutlichen.

[...]

Bei einer insgesamt rückläufigen Entwicklung der Akkumulationsrate von 22,2 % im Zeitraum 1981 bis 1985 und voraussichtlich 20,6 % im Zeitraum 1986 bis 1990 geht der Anteil der produktiven Akkumulation am Nationaleinkommen von 9,9 % im Zeitraum 1981 bis 1985 auf 9,6 % im Zeitraum 1986 bis 1990 zurück (zeigt sich u. a. in Pro-Kopf-Investitionen in der DDR 1987 nur ca. 70 % der Pro-Kopf-Investitionen in der BRD).

Die Wirksamkeit des vorhandenen Grundfondspotentials für das volkswirtschaftliche Leistungswachstum sinkt in der Tendenz und ist insgesamt unzureichend.

Wie in der Rede des Generalsekretärs bestätigt wurde, ist die materiell-technische Basis der Volkswirtschaft der DDR bei beträchtlichen Unterschieden in der Bereichs- und Zweigstruktur im Vergleich zu führenden kapitalistischen Industrieländern in den zurückliegenden Jahren weniger umfassend und rasch modernisiert worden, und etwa 18,4 % unserer produktiven Grundfonds sind bereits abgeschrieben und über 20 % älter als 20 Jahre. Das entspricht einem dringenden Investitionsbedarf von ca. 500 Mrd. Mark, oder anders ausgedrückt, der Höhe von zwei jährlichen Nationaleinkommen.

Ich möchte noch einmal wiederholen, der Investitionsbedarf für die **produktiven** Grundfonds entspricht der Höhe von zwei jährlichen Nationaleinkommen!! Jeder von uns hat soviel ökonomische Kenntnisse, um einschätzen zu können, daß die Überwindung dieses Zustandes nicht in einem, nicht in zwei und auch nicht in fünf Jahren erfolgen kann, sondern einen langen Zeitraum einnehmen wird. Schnelle Erfolge sind deshalb nicht zu erwarten oder wie Egon Krenz am 18. Oktober 1989 sagte, niemand hat ein Zaubermittel, die Probleme von heute auf morgen zu bewältigen. Trotzdem muß aus der Situation heraus über Maßnahmen beraten werden, die in kurzer Frist bevölkerungswirksam werden.

[...]

Genossen!

Die maximale Ausnutzung des vorhandenen Leistungsvermögens ist untrennbar mit dem volkswirtschaftlich effektiven Einsatz des gesellschaftlichen Arbeitsvermögens verbunden.

Es ist davon auszugehen, daß sich allein im Ergebnis der demographischen Entwicklung in den 90er Jahren das gesellschaftliche Arbeitsvermögen in der DDR beträchtlich verringern wird. So vermindert sich die Zahl der Berufstätigen aus diesem Grund zwischen 1991 und 1995 um etwa 150 000 Personen, und das trotz des Einsatzes von ca. 100 000 ausländischen Arbeitskräften. Bereits in diesem Jahr weicht die Anzahl der Arbeiter und Angestellten in der Volkswirtschaft (Stand: 30. Juni 1989) um 66 449 Personen gegenüber dem Volkswirtschaftsplan 1989 ab, davon allein ein Fehl in der Industrie gegenüber dem Plan von über 27 000 Personen.

Genossen!

Wir dürfen aber auch nicht die Augen vor der Tatsache verschließen, daß die Veränderung der Entwicklung der Zahl der Berufstätigen in der Volkswirtschaft in zunehmendem Maße durch das Verlassen unserer Republik negativ beeinflußt wird. Daraus ergeben sich allein im Zeitraum 1986 bis 1988 durch die Ausreise nach der BRD bzw. Berlin (West) Verluste in einer Größenordnung von 84 444 Personen.

[...]

Genossen!

Einige wenige Bemerkungen zur Auslastung der Arbeitszeit:

1988 stiegen die Ausfallzeiten gegenüber 1987 in den produzierenden Bereichen um 19,6 Mio. Stunden auf 1,35 Mrd. Stunden bzw. je Arbeiter und Angestellter um 3,6 auf 261,6 Stunden an und entsprachen einem Arbeitsvermögen von ca. 230000 Werktätigen. Wir alle wissen, welche Konsequenzen sich daraus für das zu produzierende Endprodukt, für das zu erwirtschaftende Nationaleinkommen und nicht zuletzt für die Versorgung der Bevölkerung ergeben.

Um es deutlich zu machen: In 9 Monaten waren im Kombinat Schuhe 156000 Stunden Warte- und Stillstandszeiten und 205000 Stunden Ausfallzeiten zu verzeichnen, das entspricht einem Leistungsverlust von 30 Mio. Mark. Unabhängig von den Gründen für Ausfallzeiten wirken sie immer negativ auf die Leistungsbilanz.

Hauptsächliche Gründe sind:

- Arbeitsbefreiung aufgrund ärztlicher Atteste,
- gesetzliche Regelungen über die bezahlte Freistellung für gesellschaftliche Tätigkeit, Schutzbestimmungen für Werktätige sowie durch Schwangerschafts- und Wochenurlaub begründete Arbeitsbefreiungen,
- unbezahlte Freistellung,
- Warte- und Stillstandszeiten,
- fehlende materiell-technische Sicherstellung der Produktion,
- unentschuldigtes Fehlen.

Und, Genossen, darüber hinaus gibt es aus Betrieben, in denen die Inspektion des Staatssekretariats für Arbeit und Löhne Untersuchungen durchführte, Hinweise dafür, daß die tatsächlichen Ausfallzeiten noch höher als ausgewiesen sind.

Nicht konsequent nachgewiesen werden solche durch Leiter genehmigte **unbezahlte Freistellungen**, wie
- Verlassen des Betriebes zum Einkauf von Lebensmitteln, Baustoffen oder sogenannten Mangelwaren (wegen unkontinuierlicher oder unzureichender Warenbereitstellung im Territorium),
- Abwesenheit, weil sich Handwerker in der Wohnung angesagt haben,
- späteres Erscheinen oder früheres Verlassen des Arbeitsplatzes,
- Ausfallzeiten wegen gesellschaftlicher Verpflichtungen, insbesondere für Plandiskussionen und Versammlungen, werden oft nur dann erfaßt, wenn sie Leistungslöhner betreffen, für Zeitlöhner und Angestellte gibt es keine Aussagen.

Das Ansteigen der Ausfallzeiten signalisiert, daß der Kampf gegen Verluste von Arbeitsvermögen überall energischer zu führen ist.

[...]

Während rechte Kreise der CDU/CSU in konzentrierten Aktionen versuchen, der DDR außerordentliche weltpolitische Schwierigkeiten zu machen, d. h., sie vor der Welt zu blamieren, profiliert sich die SPD im Rahmen ihrer Bemühungen um Sozialdemokratisierung gesellschaftlicher Prozesse in der DDR und Förderung einer sozialdemokratischen Opposition pluralistischen Charakters mit dem Ziel, eine mögliche Übernahme der politischen Macht im Rahmen der Wahlen 1990 zu erreichen.

Der Stellenwert der westlichen Geheimdienste, aber auch der Einrichtungen der »DDR- und Ostforschung« – ich habe auf mehreren Linienkonferenzen dazu bereits gesprochen – ist in der aktuellen Situation zur Beratung der Regierung weiter gewachsen. Das trifft insbesondere für die derzeitige Strategie und Taktik der BRD-Regierung im Zusammenhang mit der Politik gegenüber der DDR zu, die auf einer »Zusammenbruchstheorie« basiert, die durch maßgebliche Vertreter von »DDR- und Ostforschungseinrichtungen« gegenüber der Bundesregierung vertreten wird.

Diese Linie der Bundesregierung und der CDU/CSU ist auf eine systematische Destabilisierung der DDR, auf eine »Sturmreifmachung« der DDR ausgerichtet. Entsprechend dieser »Zusammenbruchstheorie« ist auch die Rolle der Bundesregierung bei der Organisation des massenhaften Verlassens der DDR durch DDR-Bürger über die Republik Ungarn einzuordnen. Mit dieser Aktion wurde und wird, Sogwirkungen in Rechnung stellend, versucht, eine ökonomische, moralische und politische Destabilisierung der DDR zu erreichen und von deutlichen Rechtsentwicklungen in der BRD abzulenken!

[...]

Dokument 25

Aufruf »Für unser Land« vom 26. November 1989

Unser Land steckt in einer tiefen Krise. Wie wir bisher gelebt haben, können und wollen wir nicht mehr leben. Die Führung einer Partei hatte sich die Herrschaft über das Volk und seine Vertretungen angemaßt, vom Stalinismus geprägte Strukturen hatten alle Lebensbereiche durchdrungen. Gewaltfrei, durch Massendemonstrationen hat das Volk den Prozeß der revolutionären Erneuerung erzwungen, der sich in atemberaubender Geschwindigkeit vollzieht. Uns bleibt nur wenig Zeit, auf die verschiedenen Möglichkeiten Einfluß zu nehmen, die sich als Auswege aus der Krise anbieten.

Entweder:

können wir auf der Eigenständigkeit der DDR bestehen und versuchen, mit allen unseren Kräften und in Zusammenarbeit mit denjenigen Staaten und Interessengruppen, die dazu bereit sind, in unserem Land eine solidarische Gesellschaft zu entwickeln, in der Frieden und soziale Gerechtigkeit, Freiheit des einzelnen, Freizügigkeit aller und die Bewahrung der Umwelt gewährleistet sind.

Oder:

wir müssen dulden, daß, veranlaßt durch starke ökonomische Zwänge und durch unzumutbare Bedingungen, an die einflußreiche Kreise aus Wirtschaft und Politik in der Bundesrepublik ihre Hilfe für die DDR knüpfen, ein Ausverkauf unserer materiellen und moralischen Werte beginnt und über kurz oder lang die Deutsche Demokratische Republik durch die Bundesrepublik vereinnahmt wird.

Laßt uns den ersten Weg gehen. Noch haben wir die Chance, in gleichberechtigter Nachbarschaft zu allen Staaten Europas eine sozialistische Alternative zur Bundesrepublik zu entwickeln. Noch können wir uns besinnen auf die antifaschistischen und humanistischen Ideale, von denen wir einst ausgegangen sind. Alle Bürgerinnen und Bürger, die unsere Hoffnung und unsere Sorge teilen, rufen wir auf, sich diesem Appell durch ihre Unterschrift anzuschließen.

Dokument 26

Ausführungen des Leiters des Medizinischen Dienstes der MfS-Bezirksverwaltung Karl-Marx-Stadt vom 23. November 1989 (Tonbandmitschnitt)

[...] Genosse Generalleutnant, Genossen Offiziere, es sei mir gestattet noch einiges zu dem Berentungsverfahren zu sagen und zu den Entlassungsuntersuchungen, die wir sicherlich in der nächsten Zeit auch im stärkeren Maße durchführen müssen. [...]

Noch einiges zu den Entlassungsuntersuchungen. Wir müssen mit diesen Entlassungsuntersuchungen auch jetzt im verstärkten Maße verbinden Tauglichkeits- und Handlungseinschätzung. Ich bitte Sie, wenn bei uns Anforderungen zur Entlassungsuntersuchung eingehen, uns auch mitzuteilen, uns dem Medizinischen Dienst, wohin soll der Genosse gehen, damit wir auch ein Handlungsurteil abgeben können, ob er sich beispielsweise für das Zollorgan oder für die Grenztruppen eignet. Dazu sind wir als Medizinischer Dienst auch in der Lage. [...] Wir sind auch bereit, wenn es sich um einen Busfahrer handelt, dann seinen Busschein zu aktualisieren. Wir haben hier, und das Dank unseres Genossen Generalleutnant, einen funktionstüchtigen Medizinischen Dienst. Und bis jetzt hat sich noch keiner gemeldet, der vorzeitig entlassen werden wollte. Und ich versichere Euch, liebe Genossinnen und Genossen, daß wir auch unsere Pflicht als Medizinischer Dienst bis zuletzt erfüllen werden. Das sind wir schuldig, weil wir in erster Linie Kommunisten sind, auch wir Mediziner, und in zweiter Linie Tschekisten und dann in dritter Linie erst Mediziner, aber dieses Spezialwissen als Mediziner, das uns geführt hat in dieses Organ, das können wir jetzt einsetzen, wenn wir uns umstrukturieren müssen, wenn wir uns verkleinern müssen, wenn wir Genossen Sicherheit geben müssen, wenn sie irgendwo anders dann als Kommunist bestehen müssen und ordentlich in einem Beruf eingegliedert werden. Wir sind auch bereit, Anfragen entgegenzunehmen, soweit wir das können als Medizinischer Dienst. Wir haben auch nicht vor über kurz oder lang jetzt unsere Rentner zu überweisen, weil die Rentner die alten, verdienten Genossen, auch für sie müssen wir jetzt da sein, die verstehen jetzt die Zeiten noch weniger als wir. Also, liebe Genossinnen und Genossen, ich kann Euch versichern im Namen der Mediziner, der Tschekisten im weißen Kittel, wir werden unsere Pflicht so lange tun, so lange es erforderlich ist.

Dokument 27

Information über Bareinzahlungen
von Angehörigen des Amtes
für Nationale Sicherheit in zivilen Sparkassen
vom 13. Dezember 1989

Durch die Sparkasse der Stadt Berlin und Bürgerbewegungen werden verstärkt Anfragen gestellt zu hohen Bareinzahlungen durch Angehörige des Amtes für Nationale Sicherheit in zivilen Sparkassen. Daraus resultiert auch die geäußerte Vermutung, daß unsere Angehörigen bei der Entlassung aus dem Amt für Nationale Sicherheit finanzielle Abfindungen in beträchtlicher Höhe erhalten.

Verursacht wird dies durch die Barabhebung der gesamten Spareinlagen durch die Angehörigen in den Sparkassen des Amtes für Nationale Sicherheit.

Um dieser Tendenz wirksam entgegenwirken zu können, bitte ich Sie, darauf Einfluß zu nehmen, daß die Angehörigen Ihrer Diensteinheit künftig ihre Spareinlagen insbesondere bei Entlassung aus dem aktiven Dienst mittels Überweisung den Spargirokonten im zivilen Bereich gutschreiben. Damit wird erreicht, daß unsere Angehörigen in den zivilen Sparkassen nicht auffallen und sie sich darüber hinaus nicht der Gefahr des Verlustes ihres Bargeldes aussetzen.

Beim Erhalt des Kontoauszuges über die Gutschriftssumme durch die Schalterangestellten in den zivilen Sparkassen können diese nicht feststellen, von welcher Sparkasse dieser Auftrag ausgelöst wurde, so daß bestehende Bedenken der Angehörigen unbegründet sind.

Hennig
Generalmajor

Dokument 28

Grundsätze für Isolierungslager
vom 14. 11. 1983

[...]

3. Vollzug der Isolierung

3.1. Der Vollzug der Isolierung erfolgt in zentral vorbereiteten Isolierungsobjekten des Ministeriums für Staatssicherheit und der Bezirksverwaltungen. [...]

3.2. Die zu isolierenden Personen sind bei der Aufnahme in das Isolierungsobjekt erkennungsdienstlich zu behandeln, medizinisch zu befragen, mit [...] Angaben zur Person zu erfassen und mit fortlaufender Nummer zu registrieren. Über jede Person ist eine Handakte zu führen. Mitgeführte Gegenstände, die nicht dem persönlichen Gebrauch dienen, sind mit Protokoll in Effektenkammern zu lagern. Rückgabe bzw. Weitergabe hat nur auf Weisung und gegen Quittung zu erfolgen. Die Isolierten sind über ihre Rechte und Pflichten sowie die Ordnungs- und Verhaltensregeln zu belehren und mit der Hausordnung vertraut zu machen.

[...]

3.4. Zur Durchsetzung einer straffen Disziplin, Ordnung und Sicherheit sowie Pflichterfüllung sind in einer Hausordnung [...] die Rechte und Pflichten der Isolierten, die Verhaltensregeln gegenüber den Vollzugs- und Sicherungskräften, die Bestimmungen für den allgemeinen Tagesablauf sowie für das Verhalten untereinander festzulegen. Zur Gewährleistung von Disziplin, Ordnung und Sicherheit können Isolierte eingesetzt werden als Stuben- und Unterkunftsältester, Bereichs- bzw. Funktionsbereichsältester, Objektältester, Schichtleiter, Brigadier, Ordner, Beauftragter der Objektleitung für Sonderaufgaben. [...]

3.5. Isolierte können zu gesellschaftlich notwendigen Arbeiten eingesetzt werden. Für den Arbeitseinsatz finden die im Verteidigungszustand für den Strafvollzug gültigen Grundsätze analoge Anwendung. Der Arbeitseinsatz kann inner- und außerhalb des Isolierungsobjektes erfolgen.

[...]

6.3. Zum Bereich der Außensicherung des Isolierungsobjektes gehören eine Umwehrmauer bzw. -zaun mit beidseitiger Sperrzone, sofern die Voraussetzungen zur Schaffung bestehen. [...] Das unmittelbare Vorgelände des Isolierungsobjektes ist sichtbar abzugrenzen, [...] zu kennzeichnen und erforderlichenfalls zu umfrieden. Es ist unter ständiger Kontrolle zu halten und darf durch Unbefugte nicht befahren oder betreten werden. Das erweiterte Vorgelände des Isolierungsobjektes ist als Sperrgebiet zu kennzeichnen.

[...]

7.2. Die operativen Diensteinheiten, die Personen für die

Isolierung planen, haben sicherzustellen, daß sich darunter ein ausreichender Bestand an IM befindet bzw. geschaffen wird, damit die politisch-operative Abwehrarbeit, besonders in der Anfangsphase, gewährleistet werden kann. [...] An die für einen Einsatz im Isolierungsobjekt vorgesehenen IM sind hohe Ansprüche hinsichtlich der Zuverlässigkeit und Standhaftigkeit zu stellen.

[...]

Anlage 4: Kennzeichnung der Bekleidung
Stuben- bzw. Unterkunftsältester – 1 Ärmelstreifen grün 2 cm breit,
Bereichs- bzw. Funktionsbereichsältester – 2 Ärmelstreifen grün 2 cm breit,
Objektältester – 3 Ärmelstreifen grün 2 cm breit,
Schichtleiter – gelbe Armbinde – SL – Buchstaben schwarz,
Brigadier – gelbe Armbinde – B – Buchstabe schwarz,
Ordner – gelbe Armbinde – O – Buchstabe schwarz,
Beauftragter der Objektleitung für Sonderaufgaben – blaue Armbinde – SAG – Buchstaben schwarz.
Die Ärmelstreifen sind in einer Länge von 10 cm auf ein Stoffstück in der Farbe der Oberbekleidung aufzunähen und dieses auf den linken Unterärmel der Oberbekleidung – 13 cm vom unteren Rand entfernt – quer anzubringen. Die Armbinde ist am linken Oberärmel der Oberbekleidung zu tragen.

Dokument 29

Schweige- und Verpflichtungserklärung eines minderjährigen Inoffiziellen Mitarbeiters des MfS vom 6. 12. 1974

Prenzlau, den 6. 12. 74

Schweigeverpflichtung

Ich, M [redacted] [redacted] geb. 22. 8. 58 in [redacted] bin bereit auf freiwillige Basis mit dem Ministerium für Staatssicherheit zusammenzuarbeiten. Ich weiß, daß es notwendig ist das MFS bei der vorbeugenden Arbeit zu unterstützen, um dadurch andere Jugendliche vor der Begehung von Straftaten abzuhalten. Ich wurde belehrt, daß ich über die Verbindung zum MFS gegenüber jeder Person auch gegenüber meinen Eltern zu schweigen habe. Ich weiß, daß ich bei Bruch der Schweigeverpflichtung nach § 245 bestraft werden kann. Auf eignen Wunsch und zu meiner eignen Sicherheit werde ich die schriftlichen Berichte mit dem Namen »Egon« [redacted] unterzeichnen.

M [redacted]

Dokument 30

MfS-Information über Versorgungsmängel vom September 1987

Nach dem MfS vorliegenden Hinweisen ist in den Bezirken der DDR unter allen Kreisen der Bevölkerung ein erheblicher Anstieg kritischer Diskussionen zu verzeichnen.

Ausgehend von jeweils eigenen Feststellungen über immer spürbarer werdende Engpässe, Sortimentslücken bzw.

Qualitätsmängel, insbesondere bei solchen Erzeugnissen wie

Damen- und Herrenoberbekleidung in allen Preisklassen,

Kinderbekleidung,

technischen Konsumgütern,

Heimelektronik,

Schuhen und Lederwaren,

Ersatzteilen, hauptsächlich bei Kfz,

aber auch bei zahlreichen Artikeln des täglichen Bedarfs und Grundnahrungsmitteln häufen sich negative und abfällige Äußerungen über das Warenangebot. Zunehmend sind derartige Äußerungen verbunden mit offen ausgesprochenen Zweifeln an der Objektivität und Glaubwürdigkeit der von den Massenmedien der DDR periodisch veröffentlichten Bilanzen und Ergebnisse der Volkswirtschaft. Dabei wird auch Bezug genommen auf die im Bericht des Politbüros an die 4. Tagung des ZK der SED getroffene Einschätzung über den Stand der Erfüllung des Volkswirtschaftsplanes 1987.

So äußerten u. a. Werktätige aus Großbetrieben, Mitarbeiter staatlicher Organe, Angehörige der wissenschaftlich-technischen Intelligenz und Leitungskader landwirtschaftlicher Betriebe den Standpunkt, zentrale Partei- und Staatsorgane würden teilweise Wertungen vornehmen, die die vorhandenen Probleme in der Volkswirtschaft verniedlichen oder verdecken. Bezogen auf den Bereich Handel und Versorgung stünden sie oftmals im Widerspruch zur erlebbaren Realität.

Wiederholt erklärten in diesem Zusammenhang Mitarbeiter staatlicher Organe, Mitglieder und Funktionäre der SED und gesellschaftlicher Organisationen, es werde immer schwieriger, die bei Werktätigen vorhandenen Zweifel über die Realisierbarkeit der im Volkswirtschaftsplan enthaltenen Kennziffern, besonders für den Bereich Handel und Versorgung, zu entkräften. Häufig fordern Werktätige, konkret über auftretende Probleme und entsprechende Lösungswege informiert zu werden. Teilweise wird dies mit der Fragestellung verbunden, ob die Partei- und Staatsführung die reale Lage überhaupt kenne, und es wird die Absicht bekundet, durch eine verstärkte Eingabentätigkeit an zentrale Organe über territoriale Probleme zu informieren.

Besonders beachtenswert sind vorliegende Hinweise aus dem Bezirk Neubrandenburg sowie aus den Bezirken Leipzig, Dresden, Magdeburg, Karl-Marx-Stadt und Frankfurt/Oder über erhebliche Mängel bei der Belieferung von Landgemeinden mit Grundnahrungsmitteln.

So liegen u. a. Hinweise aus dem Bezirk Neubrandenburg vor über Angebots- und Sortimentslücken bei Getränken, Brot, Milch, Fleisch- und Wurstwaren. Dies löste mit großer Schärfe geführte Diskussionen aus, in denen Unverständnis und tiefe Enttäuschung darüber zum Ausdruck kam, daß eine derartig angespannte Versorgungssituation zugelassen worden sei.

(Nach streng internen Hinweisen bilden derartige Probleme auch einen Schwerpunkt in den Gesprächen von DDR-Bürgern mit Besuchern aus der BRD bzw. aus Westberlin. Dabei wird z. T. die Leistungsfähigkeit der Volkswirtschaft der DDR herabgewürdigt, verbunden mit sarkastischen Bemerkungen über die »Berliner Verschwendungssucht«.)

Einwohner von Grenzgemeinden des Bezirkes Suhl äußern sich ungehalten über die z. T. seit Wochen andauernde, nicht kontinuierliche Versorgung mit Fleisch- und Wurstwaren, Backwaren, Speisekartoffeln und Gemüse. Wiederholt wurde in diesem Zusammenhang argumentiert, der Beschluß des Politbüros des ZK der SED über die vorrangige Versorgung der Bevölkerung in den Grenzgemeinden stünde offensichtlich nur noch auf dem Papier.

Ähnliche Hinweise über Versorgungsmängel liegen vor aus Grenzgemeinden des Bezirkes Magdeburg.

[...]

Nach Auffassung von Beschäftigten aus dem Bereich Handel und Versorgung wirken sich die seit geraumer Zeit auftretenden Versorgungsprobleme spürbar auf die Leistungsbereitschaft von Leitungskadern und Handelsmitarbeitern aus.

In zunehmendem Maße würden sich Erscheinungen der Gleichgültigkeit bis hin zur Resignation zeigen. Das anhaltend nicht bedarfsgerechte Warenangebot habe, so schätzen Leitungskader ein, wesentlichen Einfluß auf die gesamte Arbeitsatmosphäre. Mitarbeiter in Verkaufseinrichtungen würden sich als »Prellbock« für die z. T. aggressiven Reaktionen der Kunden fühlen, wenn deren Einkaufswünschen nicht entsprochen werden kann. Das Versorgungsniveau liegt – so schätzen sie ein – weit unter dem vergangener Jahre.

[...]

Mit Besorgnis verweisen zahlreiche progressive Bürger auf wiederholt von ihnen getroffene Feststellungen hinsichtlich der Zunahme von Korruption und Bestechung im Handels- und Dienstleistungsbereich sowie des ausschließlich auf persönliche Bereicherung abzielenden Verkaufs von – teilweise auch aus nichtsozialistischen Staaten stammenden – Engpaßwaren bzw. Gebraucht-Pkw auf sog. Automärkten. Zugleich äußern sie die Erwartung, daß der Staat konsequenter gegen derartige negative Erscheinungen vorgeht.

Vergleiche zwischen dem Versorgungsniveau in der DDR und dem in der BRD werden – vorliegenden Hinweisen zufolge – immer häufiger vor allem durch Personen nach ihrer Rückkehr von Reisen in dringenden Familienangelegenheiten angestellt und die Versorgungssituation in der BRD verherrlicht. Z. T. werden aus diesen Vergleichen auch Zweifel an der Leistungskraft der Volkswirtschaft der DDR überhaupt abgeleitet bzw. die angebliche Überlegenheit der kapitalistischen Produktionsweise herausgestellt.

Dokument 31

Brief von Inge Lange (Kandidatin des SED-Politbüros) an Günter Kleiber (Mitglied des SED-Politbüros) über Damenschlüpfer zum Selbstnähen vom 16. August 1989

SOZIALISTISCHE EINHEITSPARTEI DEUTSCHLANDS
Zentralkomitee
HAUS DES ZENTRALKOMITEES AM
MARX-ENGELS-PLATZ • 102 BERLIN • RUF 202-0

KANDIDAT DES POLITBÜROS
und Sekretär des ZK

Berlin, den 16. August 1989

Genossen
Günter Kleiber
Mitglied des Politbüros
1. Stellvertreter des
Vorsitzenden des Ministerrates
Klosterstraße 47
Berlin
1020

Betr.: Damenschlüpfer zum Selbstnähen

Lieber Günter!

Anbei möchte ich Dir genauere Angaben schicken, wer vor ungefähr einem Jahr die gloreiche Idee hatte, über den DFD das Selbstnähen von Damenschlüpfern zu organisieren.

Es war der Betrieb Wirkwaren Emminat Cranzahl/Erzgeb. Er gehört zum Kombinat Trikotagen Karl-Marx-Stadt. Mustervorgaben mit zugeschnittenen Schlüpfern und allem Zubehör sowie einer Nähanleitung erhielten nach unserer Übersicht der DFD im Bezirk Halle, Neubrandenburg, Cottbus, Magdeburg, Dresden, Suhl und Berlin.

Nachdem uns die Dinge zu Ohren gekommen waren, wurde die Abteilung Leichtindustrie informiert und über den Bundesvorstand des DFD direkt die Bezirksleitung der SED Karl-Marx-Stadt, durch welche veranlaßt wurde, daß der Absatzleiter des Betriebes sofort aufhört mit der Weiterführung dieser Kampagne.

Trotz Bemühungen seitens des DFD war kein Exemplar eines zugeschnittenen Schlüpfers mit Nähanleitung mehr aufzutreiben, sonst hätte ich Dir schon gestern die dargelegten Angaben zukommen lassen.

In alter Frische
[redacted] Unterschrift [redacted]
Inge Lange

Dokument 32

Gelöbnis zur Jugendweihe (1968 bis 1989)

Gelöbnis

Liebe junge Freunde!
Seid ihr bereit, als junge Bürger unserer Deutschen Demokratischen Republik mit uns gemeinsam, getreu der Verfassung, für die große und edle Sache des Sozialismus zu arbeiten und zu kämpfen und das revolutionäre Erbe des Volkes in Ehren zu halten, so antwortet:

Ja, das geloben wir!

Seid ihr bereit, als treue Söhne und Töchter unseres Arbeiter- und Bauernstaates nach hoher Bildung und Kultur zu streben, Meister eures Faches zu werden, unentwegt zu lernen und all euer Wissen und Können für die Verwirklichung unserer großen humanistischen Ideale einzusetzen, so antwortet:

Ja, das geloben wir!

Seid ihr bereit, als würdige Mitglieder der sozialistischen Gemeinschaft stets in kameradschaftlicher Zusammenarbeit, gegenseitiger Achtung und Hilfe zu handeln und euren Weg zum persönlichen Glück immer mit dem Kampf für das Glück des Volkes zu vereinen, so antwortet:

Ja, das geloben wir!

Seid ihr bereit, als wahre Patrioten die feste Freundschaft mit der Sowjetunion weiter zu vertiefen, den Bruderbund mit den sozialistischen Ländern zu stärken, im Geiste proletarischen Internationalismus zu kämpfen, den Frieden zu schützen und den Sozialismus gegen jeden imperialistischen Angriff zu verteidigen, so antwortet:

Ja, das geloben wir!

Wir haben euer Gelöbnis vernommen. Ihr habt euch ein hohes und edles Ziel gesetzt. Feierlich nehmen wir euch auf in die große Gemeinschaft des werktätigen Volkes, das unter Führung der Arbeiterklasse und ihrer revolutionären Partei, einig im Willen und im Handeln, die entwickelte sozialistische Gesellschaft in der Deutschen Demokratischen Republik errichtet.

Wir übertragen euch eine hohe Verantwortung. Jederzeit werden wir euch mit Rat und Tat helfen, die sozialistische Zukunft schöpferisch zu gestalten.

Dokument 33

Gängige Losungen in der DDR

Von der Sowjetunion lernen, heißt siegen lernen!
Die Lehre von Marx und Lenin ist allmächtig, weil sie wahr ist.
Die Deutsche Demokratische Republik – Retter des Friedens.
Die SED – eine kämpfende Partei, die die führende Rolle konsequent wahrnimmt.
Für das Wohl des Volkes! Durch die Kraft des Volkes!
Wählt die Kandidaten der Nationalen Front!
Vorwärts immer, rückwärts nimmer!
Wer die Jugend hat, hat die Zukunft!
Den Sozialismus in seinem Lauf, halten weder Ochs' noch Esel auf.
Frieden schützen – Sozialismus stärken!
So wie wir heute arbeiten, werden wir morgen leben.
Je stärker der Sozialismus – desto sicherer der Frieden!
Bereit zur Arbeit und zur Verteidigung des Friedens.
Mein Arbeitsplatz – Mein Kampfplatz für den Frieden!
Sozialistisch arbeiten, lernen und leben
Plane mit, arbeite mit, regiere mit
Erstens: Ich leiste was! Zweitens: Ich leiste mir was!
Ohne Gott und Sonnenschein fahren wir die Ernte ein.
Der Frieden muss bewaffnet sein.
Meine Hand für mein Produkt.
Jeder Mann an jedem Ort, einmal (mehrmals) in der Woche Sport.

Dokument 34

Typische Witze in der DDR

Er: Du Schatz, ich les' hier gerade: Die DDR gehört zu den zehn führenden Industrie-Nationen der Welt, ich glaub, das schreibe ich mal unserem Onkel Herbert in Düsseldorf.
Sie: Klar, mach das … und wenn Du gerade dabei bist – er soll zu Ostern ein paar Rollen Klopapier mitschicken …

Welches sind die 4 Säulen der sozialistischen Weltwirtschaft?
1. Die mongolische Mikroelektronik
2. die Errungenschaften der sowjetischen Landwirtschaft
3. der Bienenfleiß der polnischen Arbeiter
4. das Statistische Jahrbuch der DDR

Eine japanische Wirtschaftsdelegation wird am Flughafen Schönefeld verabschiedet. Der begleitende Staatssekretär fragt den Delegationsleiter, was ihm denn am besten in der DDR gefallen habe.
»Museen – Altes Museum, Ägyptisches Museum, Robotron.«

Warum gibt es in Österreich ein Ministerium für Hochseefischerei?
Warum nicht? Schließlich gibt es in der DDR auch ein Ministerium für Handel und Versorgung.

Kommt ein Mann in einen Autozubehörladen und sagt: »Ich hätte gerne ein Autoradio für meinen Trabi.« Der Verkäufer: »Das wär aber'n schlechter Tausch.«

Ein hoher Parteifunktionär besucht eine LPG. Der LPG-Vorsitzende verkündet voller Stolz: »Genosse Parteisekre-

tär! Seit zwanzig Jahren bauen wir nun schon Weizen in unserer LPG an und es kam noch nie vor, dass wir Mehltau hatten!«
Darauf der Parteifunktionär: »Genosse! Ich lobe mir deinen Einsatz für die sozialistische Landwirtschaft! Natürlich bin ich mir bewusst, dass es auch in unserem Staat hie und da Engpässe bei der Versorgung gibt, aber ich werde mich persönlich darum kümmern, dass Ihr in Zukunft welchen bekommt …«

Warum sind 1989 viele DDR-Bürger so außer Atem?
Weil es seit 40 Jahren bergauf geht.

Warum wird der DDR-Kaffee »Rondo« mit einer Neutronenbombe verglichen?
Der Mensch stirbt, die Tasse bleibt heil.

Was wäre passiert, wenn man statt Kennedy Ulbricht erschossen hätte?
Schwer zu sagen, aber Onassis hätte die Witwe bestimmt nicht geheiratet.

Warum ist das Klopapier in der DDR so rau?
Damit auch der letzte Arsch rot wird …

Erich Honecker war zum ersten Mal in Westdeutschland auf Staatsbesuch. Fiebernd erwarten seine Parteifreunde ihn bei seiner Rückkehr: »Genosse Honecker! Wie ist es denn nun in der Bundesrepublik?«
»Wie bei uns! Für Westgeld bekommst Du alles …«

Fragt ein Belgier: »Warum haben die sowjetischen Truppen beim Volksaufstand am 17. Juni 1953 interveniert und auf die streikenden Arbeiter geschossen?«

Antwortet ein DDR-Bürger: »Weil wir uns in unsere eigenen Angelegenheiten eingemischt haben ...«

Ein Genosse hat sich vor der SED-Parteikontrollkommission zu verantworten. Schließlich unterbricht der Genosse Vorsitzende seinen Redeschwall ungeduldig: »Aber Genosse, was Du hier vorbringst, das kennen wir doch, das ist Agitation. Hast Du denn keine eigene Meinung?« »Doch, Genosse Vorsitzender! Aber ich distanziere mich von ihr!«

»In unserer Partei gibt es zwei Strömungen. Die erste handelt aus Angst, die zweite aus Überzeugung«, meint ein hoher Funktionär zu Honecker, »welche sollen wir bevorzugen?« »Die aus Angst. Die Überzeugung kann wechseln.«

Honecker will bei den Bürgern erkunden, wie beliebt er ist. Er besucht eine Hochhaussiedlung und klingelt an einer Tür.
Ein kleines Mädchen öffnet: »Wer bist Du denn, Onkel?«
»Ich, meine Kleine, bin der Mann, der dafür sorgt, dass es Euch gut geht. Ich sorge für Essen und Wohnung ...«
»Mami, Mami, komm' mal ganz schnell, Onkel Peter aus München ist da!«

Eine Frau fragt den Verkäufer: »Haben Sie Kinderkleidung?«, woraufhin der Verkäufer antwortet: »Wir haben keine Bettwäsche, keine Kinderkleidung gibt es im 1. Stock.«

Im Kapitalismus wird der Mensch durch den Menschen ausgebeutet, im Sozialismus ist es umgekehrt.

Literaturhinweise

Courtois, Stéphane (Hrsg.): Das Handbuch des Kommunismus. Mit dem Kapitel »Der deutsche Kommunismus« von Klaus Schroeder und Jochen Staadt. München/Zürich 2010.

Deutz-Schroeder, Monika / Schroeder, Klaus: Soziales Paradies oder Stasi-Staat? Das DDR-Bild von Schülern – ein Ost-West-Vergleich. München/Stamsried 2008.

Grafe, Roman: Die Grenze durch Deutschland. Eine Chronik von 1945 bis 1990. Berlin 2002.

Hertle, Hans-Hermann / Wolle, Stefan: Damals in der DDR. Der Alltag im Arbeiter- und Bauernstaat. München 2004.

Kappelt, Olaf: Braunbuch DDR. Nazis in der DDR. Berlin [2]2009.

Knabe, Hubertus: 17. Juni 1953. Ein deutscher Aufstand. München 2003.

Merkel, Wilma / Wahl, Stefanie: Das geplünderte Deutschland. Die wirtschaftliche Entwicklung im östlichen Teil Deutschlands von 1949–1989. Bonn-Bad Godesberg 1991.

Müller, Susanne: Von der Mangel- zur Marktwirtschaft. Analyse der Konsumbedingungen und des Konsumverhaltens in der DDR. Leipzig 2000.

Neubert, Ehrhart: Geschichte der Opposition in der DDR 1949–1989. Berlin 1997.

Schroeder, Klaus: Der SED-Staat. Partei, Staat und Gesellschaft. München 1998. Tb.-Ausg. München 2000.

– Das neue Deutschland. Warum nicht zusammenwächst, was zusammengehört. Berlin 2010.

Schwarzer, Oskar: Sozialistische Zentralplanwirtschaft in der SBZ/DDR. Stuttgart 1999.

Solga, Heike: Auf dem Weg in eine klassenlose Gesellschaft? Klassenlagen und Mobilität zwischen Generationen in der DDR. Berlin 1995.

Stolleis, Michael: Sozialistische Gesetzlichkeit. Staats- und Verwaltungsrechtswissenschaft in der DDR. München 2009.

Thaysen, Uwe (Hrsg.): Der zentrale Runde Tisch der DDR. Wortprotokoll und Dokumente. 5 Bde. Wiesbaden 2000.

Wehler, Hans-Ulrich: Deutsche Gesellschaftsgeschichte. Bd. 5: Bundesrepublik und DDR 1949–1990. München 2008.

Wolle, Stefan: Die heile Welt der Diktatur. Alltag und Herrschaft in der DDR 1971–1989. Bonn 1998.

Abkürzungsverzeichnis

ADN	Allgemeine Deutsche Nachrichtenagentur (Berlin-Ost)
BDJ	Bund Deutscher Jugend
DBD	Demokratische Bauernpartei Deutschlands
DFD	Demokratischer Frauenbund Deutschlands
DSF	Gesellschaft für Deutsch-Sowjetische Freundschaft
DWK	Deutsche Wirtschaftskommission
FDGB	Freier Deutscher Gewerkschaftsbund
FDJ	Freie Deutsche Jugend
GPG	Gärtnerische Produktionsgenossenschaft
GST	Gesellschaft für Sport und Technik
HVA	Hauptverwaltung Aufklärung des MfS (Auslandsspionage)
IFM	Initiative Frieden und Menschenrechte
IM	Inoffizieller Mitarbeiter
INSM	Initiative Neue Soziale Marktwirtschaft
KB	Kulturbund der DDR
KoKo	Kommerzielle Koordinierung
KPD	Kommunistische Partei Deutschlands
KpdSU	Kommunistische Partei der Sowjetunion
KSZE	Konferenz für Sicherheit und Zusammenarbeit in Europa
LPG	Landwirtschaftliche Produktionsgenossenschaft
LDPD	Liberal-Demokratische Partei Deutschlands
MfS	Ministerium für Staatssicherheit
NDPD	National-demokratische Partei Deutschlands
NÖSPL	Neues Ökonomisches System der Planung und Leitung der Volkswirtschaft
NS	Nationalsozialisten
NSDAP	Nationalsozialistische deutsche Arbeiterpartei
NVA	Nationale Volksarmee
NVR	Nationaler Verteidigungsrat
PDS	Partei des Demokratischen Sozialismus
PGH	Produktionsgenossenschaft des Handwerks
POZ	Politisch-operative Zusammenarbeit
PVAP	Polnische Vereinigte Arbeiterpartei
RGW	Rat für gegenseitige Wirtschaftshilfe
SAG	Sowjetische Aktiengesellschaft

SBZ	Sowjetisch besetzte Zone
SED	Sozialistische Einheitspartei Deutschlands
SKK	Sowjetische Kontrollkommission
SMAD	Sowjetische Militäradministration in Deutschland
SPK	Staatliche Plankommission
Stasi	Staatssicherheitsdienst (s. MfS)
VdgB	Vereinigung der gegenseitigen Bauernhilfe
VEB	Volkseigener Betrieb
VVN	Vereinigung der Verfolgten des Naziregimes
ZK	Zentralkomitee

Quellennachweise für die Dokumente

1 Erler, Peter [u. a.] (Hrsg.): »Nach Hitler kommen wir«: Dokumente zur Programmatik der Moskauer KPD-Führung 1944/45 für Nachkriegsdeutschland. Berlin: Akademie Verlag, 1994. S. 136 ff.

2 Ingo von Münch (Hrsg.): Dokumente des geteilten Deutschland: Quellentexte zur Rechtslage des Deutschen Reiches, der Bundesrepublik Deutschland und der Deutschen Demokratischen Republik. Stuttgart: Kröner, [2]1976. S. 286 f.

3 Telegramm zur Gründung der DDR von Stalin an Pieck und Grotewohl. In: Neues Deutschland, 14. Oktober 1949.

4 Dokumente zur Geschichte der Freien Deutschen Jugend. Bd. 2. Berlin: Verlag Neues Berlin, 1960. S. 404 f.

5 Institut für Theorie des Staates und des Rechts der Akademie der Wissenschaften der DDR (Hrsg.): Marxistisch-leninistische Staats- und Rechtstheorie: Lehrbuch. Berlin: Staatsverlag der DDR, [3]1980. S. 405 f. (Auszug Kap. 15.7, Verf. Karl A. Mollnau.)

6 Beschluss des Demokratischen Blocks über gemeinsame Kandidatenlisten der Nationalen Front zu den Wahlen am 15. Oktober 1950. In: Tägliche Rundschau, 18. Mai 1950. S. 1 f.

7 Text der Staatshymne der DDR. In: Neues Deutschland, 6. November 1949.

8 Matthias Judt (Hrsg.): DDR-Geschichte in Dokumenten: Beschlüsse, Berichte, interne Materialien und Alltagszeugnisse. Berlin: Links, 1997. S. 47.

9 Erklärung des Ausnahmezustandes im Sowjetischen Sektor von Berlin am 17. Juni 1953. SAPMO-BArch, PlakY 1/VP5/856.

10 Kommentar des SED-Propagandisten Karl Eduard von Schnitzler zum Volksaufstand am 17. Juni 1953. In: Deutsches Rundfunkarchiv. (Sendetermin: 18. Juni 1953, DDR-Rundfunk.)

11 Rundfunkansprache des Regierenden Bürgermeisters von West-Berlin, Ernst Reuter, vom 18. Juni 1953. In: Deutsches Rundfunkarchiv. (Sendetermin: 18. Juni 1953, RIAS Berlin.)

12 Offizielle Begründung, warum es in der DDR keine Opposition geben darf. In: Neues Deutschland, 17. Mai 1957.

13 Protokoll der Verhandlungen des V. Parteitages der SED, 10.–

16. Juli 1958 in der Werner-Seelenbinder-Halle zu Berlin [Ost]. Berlin [Ost]: Dietz, 1959. S. 160 f.

14 Erklärung des Regierenden Bürgermeisters von Berlin, Willy Brandt, zum Beginn des Mauerbaus am 13. August 1961. In: Bulletin des West-Berliner Senats.

15 SAPMO-BArch, ZPA, Bestand: Abt. Sicherheit; IV2/XII/76. (Offizieller Bericht über das tödliche Ende eines Fluchtversuchs am 5. Juni 1962 in Berlin.) In: Klaus Schroeder: Der SED-Staat. Partei, Staat und Gesellschaft; 1949–1990. München [u. a.]: Hanser, 1998. S. 674 ff.

16 Erich Honecker über »schädliche Tendenzen« in der Kunst. In: Neues Deutschland, 16. Dezember 1965.

17 Richtlinie 1/76 des MfS. (BStU, ZA, DSt o. Nr.) In: Matthias Judt: DDR-Geschichte in Dokumenten: Beschlüsse, Berichte, interne Materialien und Alltagszeugnisse. Berlin: Links, 1997. S. 469 ff.

18 Bundesarchiv, Außenstelle Coswig. (Eingabe von Dagmar NN an Erich Honecker.) In: Monika Deutz-Schroeder / Jochen Staadt (Hrsg.): Teurer Genosse! Briefe an Erich Honecker. Berlin: Transit, 1994. S. 40 f.

19 Programm der SED vom 22. Mai 1976. In: Protokoll der Verhandlungen des IX. Parteitages der SED im Palast der Republik in Berlin, 18.–22. Mai 1976. Berlin [Ost]: Dietz, 1976. Bd. 2. S. 209 ff.

20 Auftrag an in die Grenztruppen eingeschleuste MfS-Mitarbeiter zur Verhinderung von Fahnenfluchten, Dezember 1974. In: BStU, ZA, AIM 713/76, Bl. 2 f.

21 Vom MfS erstellte Klassifizierungsmerkmale von negativen jugendlichen Gruppen. (BStU, ZA, MfS VVS 23-19/74.) In: Jörn Mothes [u. a.] (Hrsg.): Beschädigte Seelen: DDR-Jugend und Staatssicherheit; mit 136 Dokumenten und einer Audio-CD mit Original-Tonunterlagen. Bremen: Ed. Timmen, 1996. S. 60 ff.

22 Schüddekopf, Charles: »Wir sind das Volk!« Flugschriften, Aufrufe und Texte einer deutschen Revolution. Reinbek: Rowohlt, 1990. S. 29 ff.

23 Beschluss des SED-Politbüros und des Ministerrats für Reisen und ständige Ausreise aus der DDR, 9. November 1989. In: BStU, MfS, MdM 1506, Bl. 164–166.

24 Referat des MfS-Generalleutnant Kleine zur Lage der DDR-

Wirtschaft, 27. Oktober 1989. (BStU, MfS HA XVIII 565, Bd. 4.) In: Uwe Bastian: Auf zum letzten Gefecht ... Dokumentation über Vorbereitungen des MfS auf den Zusammenbruch der DDR-Wirtschaft, Arbeitspapiere des Forschungsverbundes SED-Staat an der Freien Universität Berlin, Nr. 9/1994. Berlin: Forschungsverbund SED-Staat, 1994. S. 9 ff.

25 Aufruf »Für unser Land«. In: Neues Deutschland, 29. November 1989.

26 Ausführungen des Leiters des Medizinischen Dienstes der MfS-Bezirksverwaltung Karl-Marx-Stadt, 23. November 1989 (Tonbandmitschnitt). In: BStU, MfS, BV KMSt, Ka, 1–2.

27 Information über Bareinzahlungen von Angehörigen des Amtes für Nationale Sicherheit in zivilen Sparkassen, 13. Dezember 1989 (BStU). In: Uwe Bastian: Auf zum letzten Gefecht ... Dokumentation über Vorbereitungen des MfS auf den Zusammenbruch der DDR-Wirtschaft, Arbeitspapiere des Forschungsverbundes SED-Staat an der Freien Universität Berlin, Nr. 9/1994. Berlin: Forschungsverbund SED-Staat, 1994. Dokument 14.

28 Grundsätze für Isolierungslager, 14. November 1983 (BStU). In: Thomas Auerbach: Vorbereitung auf den Tag X: die geplanten Isolierungslager des MfS, Analysen und Berichte. Berlin: Der Bundesbeauftragte für die Unterlagen des Staatssicherheitsdienstes der ehemaligen Deutschen Demokratischen Republik, 1995. S. 89 ff.

29 Schweige- und Verpflichtungserklärung eines minderjährigen Inoffiziellen Mitarbeiters des MfS, 6. Dezember 1974. (BStU, ASt. Neubrandenburg, AIM III 506/79.) In: Jörn Mothes [u. a.] (Hrsg.): Beschädigte Seelen: DDR-Jugend und Staatssicherheit; mit 136 Dokumenten und einer Audio-CD mit Original-Tonunterlagen. Bremen: Ed. Timmen, 1996. S. 237.

30 MfS-Information über Versorgungsmängel, September 1987. (BStU, ZAIG 3605.) In: Klaus Schroeder: Ostdeutschland 20 Jahre nach dem Mauerfall – eine Wohlstandsbilanz. (Gutachten für die Initiative Neue Soziale Marktwirtschaft.) Berlin: Initiative Neue Soziale Marktwirtschaft (INSM), 2009. Anh. Dokument 2.

31 Brief von Inge Lange an Günter Kleiber, 16. August 1989. (BA Berlin, SAPMO, DY 30/IV 2/2.042/60.) In: Klaus Schroeder: Ostdeutschland 20 Jahre nach dem Mauerfall – eine Wohlstandsbilanz. (Gutachten für die Initiative Neue Soziale Markt-

wirtschaft.) Berlin: Initiative Neue Soziale Marktwirtschaft (INSM) 2009. Anh. Dokument 12.
32 Thomas Gandow: Jugendweihe: humanistische Jugendfeier. München: Evangelischer Presseverband für Bayern, Abt. Schriftenmission, 1994. S. 47.
33 Gängige Losungen in der DDR. In: www.ddr-losungen.de/html/datenbank.php. (Zugriff: 13. November 2009.)
34 Typische Witze in der DDR. Volksmund.

Zum Autor

Klaus Schroeder ist Professor für Politikwissenschaften an der Freien Universität Berlin und Wissenschaftlicher Leiter des Forschungsverbundes SED-Staat. Zu seinen Spezialgebieten zählen der deutsche Teilungsprozess und die Geschichte der DDR, über die er zahlreiche Publikationen vorgelegt hat.

Der Verlag Philipp Reclam jun. dankt den Verlagen und Rechtegebern für die Nachdruckgenehmigung. In einigen Fällen waren die Inhaber der Rechte nicht festzustellen; hier ist der Verlag bereit, nach Anforderung rechtmäßige Ansprüche abzugelten.